水田珠枝著

女性解放思想の歩み

岩 波 新 書

871

JN262825

目　次

I

女性史は成立するか

メアリ・ウルストンクラフト（オウピィ画，ロンドン，テート・ギャラリー蔵）

男性の歴史と女性の歴史

これまでの歴史は(すくなくとも書かれた歴史としては)、男性の歴史であった。支配的な思想は、支配する性すなわち男性の思想であった。このことがまず、女性史、女性解放思想史の成立を困難にする。

歴史の本を開いてみると、男性の活躍であふれている。ソクラテスもプラトンも、キリストもマホメットも、ナポレオンもヒットラーも、歴史上名をとどめているのはほとんどすべて男性であって、女性の名は、かれらのあいだにかくれ、うっかりすると見落してしまうほどわずかしかでてこない。クレオパトラとか、ジャンヌ・ダルクとか、わずかな人数をならべてみても、女性の通史を書くことはできないし、まして女性の思想の歴史をあとづけることは不可能である。

歴史上の偉人たちは別として、一般の民衆の歴史はどうだろうか。マルクス、エンゲルスは、『共産党宣言』(一八四八年)で、歴史は被抑圧者の抑圧者にたいする闘争の記録だといっている。自由民と奴隷、貴族と平民、領主と農奴、ギルドの親方と職人、ブルジョワジーとプロレタリアートという、抑圧するものとされるものが対立し、闘争してきた過程が、人類の歴史だというのである。この階級闘争史は、ブルジョワジーの没落とプロレタリアートの勝利によって終止符がうたれ、そのあとには、階級差別の存在しない、万人の自由な発展が可能となる社会が、実現することになる。

ほとんどすべてが無名な、そして抑圧されている女性たちに、『共産党宣言』にかかれている被抑圧者の立場をあてはめることができるだろうか。答は「否」である。階級闘争の歴史、これもまた男性の歴史なのだ。自由民も奴隷も、貴族も平民も、領主も農奴も、ギルドの親方も職人も、ブルジョワジーもプロレタリアートも、その主力はすべて男性であって、闘争をしたのも闘争によって直接解放されたのも、男性である。女性は、男性とまったく同じ意味での領主や農奴、ブルジョワジーやプロレタリアートではなく、かれらの妻であり娘であるにすぎない。ブルジョワジーが権力をにぎったからといって、かれらの妻や娘たちが直接支配するのではないし、プロレタリアートが勝利したからといって、その女性たちが一切の抑圧からただちに解放されることにはならない。支配階級に属していようと被支配階級に属していようと、女性は女性であるという理由で差別され抑圧されてきたのである。

したがって人間社会には、階級差別とは次元のちがうもうひとつの差別、すなわち性差別が存在し、そして女性は、階級支配と性支配の二重の抑圧のもとにおかれてきたことを認めないわけにはいかない。もっとも、性支配と階級支配とは密接な関係にあり、階級支配をぬきにして性支配を論じることはできないが、性支配を階級支配にすりかえてしまうこともまた、問題の本質を見あやまることになる。これまでにいく度か階級関係が変化しても、性的支配関係に変化はなく、女性は、長い歴史を通して抑圧されるものの立場におかれつづけてきたことは、二種の支配が、緊密に結びつきながら異質のものであることを物語っている。しかも、性支配をうちやぶる闘争は、階級闘争に匹敵した規模で組織されたことはなかったし、まして将来、支配者である男性が没落し、被支配者である女性が勝利するという展望を、もつことはむずかしい。女性には、一体どんな歴史がなりたつのであろうか。

女性史論争

女性の生活を従属の状態とみて、そこからの脱出を未来社会にもとめようとするならば、男性の闘争史を女性史にもちこもうというこころみがなされるのも、けっしてふしぎではない。しかし、闘争史としての女性史に、今では、いくつかの批判の矢がむけられている。

たとえばイギリスでは、女性史の方法についての論争が、メリアン・ラメルスンの著書『女性の反逆』*（一九六七年）をめぐっておこなわれた。この本は、社会主義社会が実現すれば性差別は消滅するという展望の下に、イギリス女性の闘争をひろいあげ、その歴史の頂点をなす婦人参政権運動、とくに戦闘的婦選運動家たちに、照明をあてたものであった。ところが、この本によって、女性史の成立が不可能なことが立証されたという批判が、イギリス婦人運動の理論家、ジュリエット・ミッチェルによってなされた**。

ミッチェルによれば、女性が独自の活動を通して歴史の舞台に登場するのは、イギリスでは、婦人参政権運動のばあいか少数の特定の個人だけであって、女性の歴史を書こうとすると、断片のつぎはぎになってしまう。ラメルスンの本も、神話がかった原始社会の女性の状態から、女性が労働者や政治扇動家としてあらわれる十八、九世紀へと飛躍し、さらに平等な理想社会へと飛躍してしまうのである。こうした欠陥を克服して女性の通史を書こうとすれば、女性の歴史ではなく、その夫や父親の階級の歴史になってしまう。男性の影にかくれ、独自の活動をもたない女性は、継続的歴史ももたないのであって、かの女たちの受動の歴史、負の歴史は、歴史とはいえない。女性にとって存在するのは、歴史ではなく状況なのだ。

このようなミッチェルの主張にたいして、アメリカのマーガレット・ジョージが、『ある女性の「状況」***』（一九七〇年）という題で、イギリス女性解放の先駆者ウルストンクラフトの伝記を書いて、答えた。ジョージは、女性史は男女同権闘争史ではないというミッチェルの女性史批判を一応は支持しながら、他方では、男性の影にかくれた女性の状況こそ女性の「前史」なのだといって、女性史成立不可能論に反対する。すなわち、「前史」とは女性の従属の記録であり、女性が自分の生活の主人になる時までの歴史である。女性が自分の生活の支配者になった時には、「前史」は消滅するし、その時にはまた、女性の歴史というものが存在しなくなるのだ。ということは、女性の唯一の歴史は、受動の歴史、負の歴史の「前史」なのであって、女性史の唯一の論点は、女性に課せられた劣悪な状態、それへの抵抗と挫折、さらには解放への前進におかれなければならない。ジョージは、ラメルスンを批判はしているけれども、その立場はきわめて近いのである。

これと似た論争が、最近、日本でもおこなわれたことは、わたくしたちの記憶にあたらしい。イギリスでの論争とややちがった角度からではあるが、女性史を抑圧から解放へのコースとする歴史観にたいして、女性史の主体は、特定の英雄的女性ではなく、体制に順応して生きた、平凡な圧倒的多数の女性なのだという批判がだされた。女性史をどうとらえるかという問題は、もうイギリスとか日本とかの個別史の次元をこえて、世界史の問題になってきたようである。

現在、生活をしているわたくしたちの実感からしても、性差別、性支配は存在しているのだから、それの廃止を展望するような女性史が要求されるのは当然だろう。そこで、ラメルスンのしたような、解放闘争だけを構成要素とする女性史が書かれ、また、一般には、女性史とはこうした解放闘争史なのだと考えられてきた。けれども、ミッチェルの批判をまつまでもなく、解放闘争史としての女性史にはかなりの無理があり、闘争を女性の継続した運動としてえがくことが実際には困難なばかりか、いくつかの闘争がおこなわれ、かくかくたる戦果があがった割合には、一般の女性の状態は改善されない。歴史は、従属から解放へという道をたえずたどってきたようには思われない。

では、解放闘争からとりのこされた多数の女性の生活を記述することはどうか。これもミッチェルが指摘するように、せいぜい男性の影の歴史にとどまってしまい、女性独自の活動を、継続的な歴史として叙述することがむずかしくなる。それに、女性の忍従の姿をそのままえがくだけでは、忍従を肯定こそすれ、そこからぬけだす道を展望することができない。ジョージのいうように、忍従の中にながれる抵抗と挫折を評価するのだとしても、大多数の女性には、何をもとめ、何に抵抗するのかという自覚さえなかったのである。

こう考えてくると、女性史を書くということのむずかしさを、あらためて痛感しないわけにはいかない。女性という共通の性をもつ人類の半数は、太古から現在にいたるまでの長い時間を、何を目的に生きてきたのだろうか。女性の生活には発展があったのだろうか。あったとすればそれはどういうものなのか。あるいは動物の生態と似て、反覆的活動にすぎなかったのだろうか。そうだとすればなぜなのか。どちらにせよ、将来への展望をもちながら女性の生活の全貌をとらえるには、どこに視点を設定したらいいのだろうか。――こうした疑問がつぎつぎにわいてくる。女性史は果して成立するのだろうか。

* Marian Ramelson, *The petticoat rebellion, a century of struggle for women's rights*, London, 1967.

** *New Statesman*, August 4, 1967.

*** Margaret Georgc, *One woman's "situation", a study of Mary Wollstonecraft*, Urbana, Chicago, London, 1970.

生活資料の生産と生命の生産

かりに女性が歴史をもたないとしても、男性が、人類を代表して立派な歴史をもっていることを、否定する人はいない。男性は、道具をつくりそれを改良して、棍棒や弓矢から蒸気機関、原子力にまで発展させてきた。社会組織を、奴隷制、封建制、資本主義、社会主義と変革してきた。国家権力、法律、宗教をつくり、それを整備し継承してきた。ギリシヤ文明をうみ、ルネサンス芸術をうみ、ベートーベンの音楽、ピカソの絵画をうみだした。征服し征服され、いく度も長期にわたる戦争をおこなって、人類に大流血、大惨劇をもたらした。これらすべてのことは、人類の歩んできた道として、記録されている。

これにたいし女性は、社会変革の主体でも、権力、法律、宗教のにない手でもなかったし、偉大な芸術をつくりあげることもなく、まして戦争の積極的参加者でもなかった。ごく少数の例外は別として、女性の大部分は、成長して結婚をし、子供を生み、育て、生産や消費の労働に従事し、一生を終ったのであって、人類の歴史に大きな足跡をのこすこともなく、歴史の波におしながされていった。歴史をつくったのは男性であって、女性はその歴史に追従し、まきこまれていった。では、なぜこのような相違がうまれたのだろうか。

歴史をおしすすめた原動力、それは生産力であった。生活資料を生産し増大させる能力が、人類を自然から分離し、生活水準を高め、私有財産を、階級分化を、権力を発生させ、文化をつくりあげていった。しかし、生産力だけで、人間社会が維持されてきたのではない。生産をする人間をたえず供給してきたからこそ、人類は絶滅することなく、現在の繁栄をほこっているのである。人間が子供を生み、育て、教育をし、一人前になった子供が今度は生産に参加し、また子供を生むという過程がくりかえされることによって、歴史はつくられてきた。したがって、生活資料の生産と生命の生産とは、不可分の関係にあり、循環しあい、規定しあっているのである。生活資料の生産が低下すれば、人類は飢餓に見舞われ、それまでの人口を維持できなくなるだろうし、出産率が低下すれば、労働力の保全が困難になり、やがては生産力の低下をひきおこすであろう。

このように、生活資料の生産と生命の生産とは、どちらか一方だけではなりたたない、相互依存関係にあるのだが、その性格には、おおきなちがいがある。生活資料の生産のばあいは、投下された労働に対応する成果が一応はえられ、道具や技術の改良によりその成果は増大し、さらにそれを蓄積することができる。ところが、生命の生産の方は、技術革新によって大量生産をすることも、蓄積をしておくこともできない。原始時代から文明の高度に発達した現代にいたるまで、生命の生産に投下される労働量は、それほど減らないばかりか、反対に、子供を一人前の働き手にするまでの時間と労力は、ふえてきているのだ。時代がすすみ、文明が発達すればするほど、生活資料の方は、より少ない労働でよりおおくを生産することができるのに、生命の生産は、同じ人口を確保するためによりおおくの労働を必要とする。

また、生活資料の生産は、性別にかかわりなく、単独であるいは共同でおこなわれるが、生命の生産は、一対の男女が協力し、しかも負担の大部分は女性にかかってくる。自分の子供が生まれるからといって、男性は労働を休む必要はないけれども、女性のばあいはかなりの期間、労働を中断しなければならない。生命の生産によりおおくのエネルギーをさかなければならないということが、生活資料の生産において、女性が男性に一歩譲る理由である。ところが、男性は、生命の生産が個人にとっても社会にとっても重要な問題だから、その負担をおう女性を保護し、生活資料の生産における不利をおぎなおうという努力をしようとはしなかった。それぱかりか、わずか一歩の優位を無限に拡大して、生産力を完全に自分のものにしてしまった。

生活資料の生産をにぎった男性は、道具や技術を改善して生産力を高め、生産手段を占有し、生産物を蓄積していく。生活資料の生産で主導権をうばわれた女性は、依然として生産活動に従事しながら、その成果を男性に収奪され、さらに、育児や消費労働という、発展のおそい、労力を節約しにくい労働を課せられる。こうした状態におかれた女性が、もし自分たちが出産を拒否すれば、人類は滅亡するぞと警告を発したなら、事態は変わったかもしれない。だが、いまだかつて、そのようなことは、おこらなかった。

それは、生活資料の生産に比較して、生命の生産が、自然的な本能的な行為に近かったからである。生活資料の生産には、人智をかたむけ自然を克服しようとした人類は、生命の生産については、自然を征服する努力を、ごく最近までおこたってきた。女性は、自分たちだけがもつ機能を自分たちの力で制禦しようとはせず、本能に身をまかせ、能力の続くかぎり出産し、人口過剰の状態をたえずつくりだしてきた。

出産の方は、自然にゆだねておいても急激な減少がなかったのにたいし、生活資料の方は、人間が努力しなければ手にはいらなかっただけでなく、一方に蓄積し占有することによって、対極にそれの欠乏状態をつくりだすことができた。したがって、出産率がそれほど高くなくても、あるいは乳児死亡率が高くて人口増加がそれほど急激でないばあいでも、人類は人口にくらべてとぼしい食糧に、悩まなければならなかった。そのうえ、生まれた子供は、将来の生産力のにない手であるとしても、生まれた時から生産活動にはいるわけではなく、当分の間は生産物をくいつぶす寄生者なのだから、蓄積した富を減らし生活水準を引きさげるものとして、必ずしも歓迎はされなかった。生産力の向上は社会の繁栄であるが、多産は貧困をもたらす。物をつくりだす男性は尊敬されるが、命をつくりだす女性は軽視される。相互依存関係にあるはずの生命の生産と生活資料の生産は対立し、生活資料の生産が生命の生産を、男性が女性を支配することになる。

家父長制*

こうした男女関係を制度として固定し、永続化したのが家父長制であった。そこでは、生活資料の生産と消費が(生産の機能がうしなわれた時には消費が)、そして生命の生産が、家族を単位としておこなわれるために、生産活動で優位にたつ男性＝家長が絶対権をにぎり、唯一の財産所有者となって、家族員の生活を保障するというかたちをとりながら、かれらの権利も人格も労働も、一身に吸収してしまう。女性は、家長の後継者やあたらしい労働力を生む手段とみなされ、家事や育児をおしつけられ、また生産活動にも従事させられて、家長にたいする全面的服従をしいられる。したがって、この制度の下では、女性の経済的、人格的自立の可能性はうしなわれる。階級支配とは異質な、しかも普遍的な性支配は、家父長制によってつらぬかれ、他人に依存する女性の性格もそこでつくりあげられる。

家父長制の成立により、社会における男性と女性の状態には、いちじるしい差が生じる。男性は、自由民であれ奴隷であれ、領主であれ農奴であれ、資本家であれ労働者であれ、それぞれの地位に応じて社会の一員とみなされるのにたいし、女性はかれらの地位にたつことはできない。男性は、社会的には支配者、被支配者の関係におかれながら、家庭では家族にたいして支配者となるのにたいし、女性は、夫や父親が支配者であろうと被支配者であろうと、男性によって支配される。男性は、被支配者でも支配をするのにたいし、女性は、支配階級に属していても被支配者となる。男性の状態は、階級関係によって規制されるのにたいし、女性の状態は、階級と性との二重の制約をうける。そして、階級関係を維持する組織が国家であり、両性関係を維持する組織が家父長制なのである。

人間はすべて、社会あるいは国家と、家族というふたつの組織に属しているけれども、その属し方は性によってちがう。男性にとって、社会や国家は、公的生活をいとなむ表の場所であり、家庭は、いわば自分の延長である私生活の、裏の場所である。女性のばあいは、生活のすべてが、男性の私生活の場所である家庭に限定され、家庭をこえた領域にたいしては、男性を通してのみつながりをもつ。そこで、男性の支配する生産活動と、女性のになう出産の役割とは、男女のそれぞれの立場を反映して、異なった評価をあたえられる。たとえ家庭内でおこなわれても、生産活動は社会的な活動として評価され、出産は、社会にとって有意義な行為であっても、私事とみなされる。

生産活動は、分業と協業を通じて、さらに生産物の交換を通じて必然的に社会的活動となるが、生命の生産は、必ずしもそうした性格をもたないから、社会から隔離された領域での行為にされがちである。そして、生産と出産という循環しあうふたつの行為を、社会と家族という異なった組織の固有の行為に分離してしまうと、生産をする社会だけが発展し、生命を生産する家族は、歴史からとりのこされることになる。生産力の上昇が起動力となって、社会は、奴隷制、封建制、資本制と変革されたのに、家族の方は、一向に変容をとげたようにはみえない。社会的活動をする男性は、奴隷から農奴、市民(労働者)へと変身したのに、家庭にひきこもっている女性は、依然として妻であり娘である。詳細にみれば、家族も社会の変革に対応して変化をとげているとはいえ、社会体制のような劇的な変革、被支配者による権力奪取はおこなわれず、古代から現代にいたるまで、男性の性支配が貫徹しているのである。

現代の家族は、古代の家族、中世の家族、あるいは近代初期の家族とくらべてさえ、おおくの点でちがいはあるけれども、家長中心に構成されるということでは変りはない。男性が家族の代表者であり、家計のにない手であって、女性はその影で生活するという状態を、人類は何千年ものあいだ続けてきたし、現在でも続けている。家父長的家族は、歴史の変動で決定的な影響をうけることなく、諸体制を通じて生きながらえてきた。ミッチェルが、女性に存在するのは歴史ではなく状況だというのは、家父長制のこうした事情から発生するといえよう。だから、社会の発展を機軸とする男性の歴史を女性史に適用しても、その歴史に例外的に登場する女性の断片的記録となるか、男性の歴史の影の存在として女性が確認されるにすぎなくなる。また、家父長制の下で忍従してきた女性をえがけば、女性の生活には基本的な発展がなく、歴史として叙述することができないということになる。

したがって、女性史を書こうとすれば、超歴史的外観をもつ家父長制が、歴史的存在であることを、まずあきらかにする必要があるだろう。ジョージがいうように、女性の従属状態を女性の「前史」にするには、性的抑圧機構としての家父長制の廃棄という展望をもちながら、女性の生活を記録することであろう。女性にとって打破しなければならない制度とは、男女の性的差異を性差別に転化し、かつそれを制度化した家父長制である。階級闘争による資本主義の克服だけでなく、資本主義を下からささえた性支配の組織、家父長的家族の根底からの変革がなければ、女性の解放は達成されない。家族が、これまでのように生産や消費の唯一の単位でなくなり、出産や教育の唯一の場でなくなることによって、つまり、家族がになってきた機能が社会の手にうつされ、家族の性格がおおきく変革されることによってはじめて、長い間、分離・対立させられてきた生活資料の生産と生命の生産、社会と家族、公生活と私生活は結合されるであろうし、女性は、労働者であると同時に生命の生産のにない手として、男性におとらない評価をあたえられるにちがいない。そしてそれは、個人生活はもとより、社会生活全般にわたる大変動なのであり、政治革命よりはるかに長期にわたる大変革なのである。

以上のような視点から、女性が、自分のおかれた従属の状態を自覚し、そこから脱出しようとする思想の、形成過程をあとづけるのが、ここでの課題である。その意味では、単なる男女同権史でもなければ単なる状況の描写でもない。これまでの支配的思想が男性の思想であり、しかも男性による性支配が克服されていない現在、女性史を書くということは、男性の思想を材料として使うことになるだろうし、解放の歴史というより挫折の歴史を書くことになるかもしれない。しかし、挫折し屈折し混迷する思想のひだのなかに、性支配の実体と、性支配の組織としての家父長制と、そしてそれに抵抗する女性の姿勢とをよみとることが、女性解放思想史を成立させることではないだろうか。

＊　家父長制という言葉の内容について、現在かならずしも統一的理解が成立しているとはいえない。家父長制を、古代ギリシヤ、ローマの家族制度とする見解もあれば、ロバート・フィルマーのように、家長権によって絶対主義権力を基礎づけようとした例もある。エンゲルスは、これを、母権制家族から近代的個別家族への過渡期の形態とみなす説を採用しているし、現代のヨーロッパやアメリカ社会にも家父長制があるという見方がある。わが国では一般に、戦前の「家」制度をそう考えてきた。家長権の絶対制という観点からみれば、古代の奴隷制社会が家父長的家族の典型であるといえるだろう。けれども、家長中心に家族が構成され、家長の権威が最高であるという点では、古代の家族から現代の家族にいたるまで、基本的ちがいはない。これまでの研究は、家父長制を過去のものとして、家父長的性格の歴史的連続性を見うしないがちであった。ここでは、家長的権威の下での女性の従属を問

題にするという意味からも、家父長的性格をもつ現代の家族制度をふくめて、家父長制とよぶことにした。

近代社会と女性

女性の従属は家父長制の成立とともに古いとはいえ、解放の自覚は、近代にはいり、とくに封建的秩序からの人間(男性)解放に触発されて生まれた。社会は、自由・平等・独立の個人からなりたつのだという市民階級の思想が、女性にも、服従・依存の生活から自立の生活へという要求をかきたてたのである。ところが、封建的権力および共同体的拘束からの個人の解放を主張した男性は、女性を解放して自分たちと同等の人間にすることを拒んだ。近代の代表的思想家たち、たとえば、ルター、カルヴァン、ロック、ルソー、ベンサムは、いずれも古い権力にたいしてはげしい反撥をしめしながら、女性にたいしては男性の権威を強く主張する。つまり、封建的秩序からの人間解放とは、男性の解放であり、男性のあいだでだけ平等な人間関係をつくろうというのであって、解放を女性にまでおしひろげようというのではなかった。

近代の思想、すなわち市民階級の思想が、人間一般を解放するというたてまえをとりながら、結局は解放を男性に限定して女性を排除するという矛盾をおかしたのは、市民社会が、性支配を解消するどころか、反対に性支配のうえにきずかれていることを意味している。事実、家父長制は、封建制がくずれ市民社会が形成されるにつれて、弱められたのではなく、強化されたのであった。市民社会を構成する個人とは、人間に生まれればだれでもその資格があるというのではないのであって、何よりもまず、生産者、労働主体でなければならなかった。市民社会は、「労働による所有」の原則をうちだし、労働によらない前期的収奪を排除する反面、女性には出産、育児、家事という生産活動以外の仕事をおわせ、自分の労働で生計を維持できない状態において、男性に服従し収奪される存在にしてしまった。したがって、市民社会が解放した個人とは、背後に、妻をはじめ家族員を従属させた、家長なのであった。

近代史のなかで、女性が、男性との距離をちぢめ、自己を主張する時期は、家父長制の弛緩の時期と対応する。そのひとつは、封建制のくずれはじめたルネサンス期であり、もうひとつは、十八世紀後半からはじまる産業革命期である。とくに後者は、人間(男性)解放を高らかにうたいあげたフランス革命とかさなりあって、自覚的な女性解放思想をうみだした。けれども、家父長制を打破し、労働者として、また生命の生産者として、女性の自我を確立することのできなかった市民革命期の女性解放思想は、突破口を教養にもとめたり、理性の覚醒や感情の陶冶にもとめたり、あるいは社会奉仕にもとめたりして、混迷し挫折していく。他方、産業革命を経過し上昇する産業資本は、女性にたいする性的抑圧のうえに階級支配を貫徹し、没落階級は、家父長制の擁護にありしよき日をもとめ、女性への抑圧に、没落の代償をみいだそうとする。資本主義の発展は、女性をますます袋小路に追いつめていった。そこで、資本主義の批判者として登場する社会主義が、資本主義をささえている家族制度を批判し、資本主義を変革する理論を展開して、被抑圧者としての女性に、あらたな希望をあたえる。ここにおいて、もう一度、生産活動と生命の生産の両方の役割をになう女性を解放するとは一体どういうことなのか、解放の推進力はどこにあるのかという問題が、提起されることになる。

II　男性の解放と女性の従属

「美しき魂の信頼」(ルソー『新エロイーズ』より，ジャン＝ミシェル・モロー版画)

ルネサンスと宗教改革

近代の夜明けをつげる二大運動、ルネサンスと宗教改革を比較すると、ルネサンスは、外観のはなやかさにもかかわらず、古い社会を破壊しただけであったが、宗教改革は、宗教の仮面をかぶりながら近代社会を積極的につくりあげていった、という評価が一般にはなされている。近代化の道程という観点からこのふたつをみれば、たしかに、ルネサンスよりも宗教改革の意義を重視すべきであろう。

封建社会の解体という同じ運動でありながら、ルネサンスと宗教改革は、いくつかの点できわだって対照的な性格をもっている。ルネサンスは、イタリア諸都市の特権商人や貴族を中心に展開され、封建的道徳に束縛されない人間を、宗教的世界観におおわれない自然を肯定しようとするのにたいして、宗教改革は、中欧、北欧の農民層がにない手となり、宗教的世界の中に、人間も自然もつつみこもうとする。だから、一見、宗教を無視するルネサンスの方が、それを信奉する宗教改革より古い秩序にたいして批判の姿勢を強くしめしているようにみえるけれども、ルネサンスは、封建社会を解体はしたが、あたらしい社会への見通しをもたなかったのにたいし、宗教改革は、宗教的倫理のなかに、資本主義的営利活動を肯定し促進する萌芽をもっていたという意味で、封建制への全面的批判者となった。すなわち、ローマ教会の権威を否定して、人間が神へつながる道は、良心と職業への精励だと説くことにより、宗教改革は、利潤追求を生活原理とする近代的人間を育成することになった。

したがって、近代社会の形成という尺度ではかってみると、資本主義的職業倫理をうみだした宗教改革の方が、ルネサンスよりはるかにおおきな意義をもっていたといえよう。ルネサンスは、封建的秩序にはめこまれなくなった人間の出現をみとめたにすぎない。

ところが、視点をかえて、女性の地位という角度から両者を考えると、評価は逆転してしまう。ルネサンスは、外界の自然と同時に人間の自然(人間の肉体と本性)をも肯定するから、男女の肉体が、性愛が、罪の意識をともなうことなく賛美される。カトリック的秩序では、精神の下位におかれた物質、霊魂の下位におかれた肉体が、そしてまた男性の下位におかれた女性が、ルネサンスの世界では、人間の探究すべき目的としての価値をもつようになる。古い道徳をうちやぶって登場した性の解放が、そのままで女性の解放につながるわけではなかったけれども、長い封建時代を、抑圧されいやしめられてきた女性にとっては、目あたらしい社会の到来であったことはたしかである。さらに、自然の探究とならんで重視された学問(古典研究)の領域でも、女性は完全に排除されることはなかった。もっとも、学問をうけることのできた女性は、ごく少数の特権階級にかぎられてはいたけれども、かの女たちは、女性が男性とおとらない能力をもつことを立証した。そのひとりナヴァルの女王マルグリットは、ボッカチオの『デカメロン』(一三四八―五三、一四七〇年刊)にならって『エプタメロン』(一五五八年)を書き、文学史上に名をとどめた。

これに反して宗教改革は、キリスト教の教義に内在する女性蔑視を継承しただけでなく、職業=労働への精励を強調することによって、労働だけでは男性と同等に評価できない女性を、男性に従属させてしまう。古い秩序を破壊したルネサンスは、女性を抑圧していた秩序をも同時に否定したのにたいし、あたらしい秩序を指向した宗教改革は、秩序の再構成によりふたたび女性を抑圧する組織をつくりあげた。ルネサンスは、封建社会をささえた家父長制を一時混乱におとしいれたが、宗教改革は、あたらしいよそおいのもとに、家父長制を資本主義社会の基礎となる家族制度につくりかえた。つまり、宗教改革は、近代化の起点であると同時に、近代における女性抑圧の起点でもあった。

性の解放と学問の解放

従来の道徳や秩序にしばりつけられない、自分の知恵と力とで運命をきりひらいていくという、マキアヴェルリの『君主』（一五三二年）に象徴されるルネサンス的人間は、男性にかぎったことではなかった。たとえば、フランスの皇太后メディチのカトリーヌは、王権をめぐる貴族の抗争とそれにからまる新旧両教の闘争のなかにあって、陰謀、虐殺をほしいままにした女性としてしられている。だから、ルネサンスは、自分の能力以外に何も依存しないという意味では、男女にかかわりなく同じような人間をうみだしたといえる。また、この人間が、強烈な行動力をもっていたとはいえ、将来の社会の担当者になりえなかったことにおいても、性によって差はなかった。

しかし、ルネサンス的人間類型は、男性にも女性にもみいだされたとはいえ、かれらはいずれも、男性にとって抑圧的な社会秩序の破壊者であって、女性の生活を根底からくつがえそうとはしなかった。傑出した何人かの女性が歴史に記されるほど活躍したとしても、かの女たちの行動は男性の世界でのそれであって、女性の抑圧機構＝家父長制をまったく破壊するものではなかった。

ルネサンスは、男性の主導権の下におしすすめられた運動である。それが、女性の生活にあたえた影響は、男性が変化を必要とした領域にかぎられていた。つまり、道徳を、宗教を否定した男性は、旧来の性道徳にとらわれない女性をもとめ、宗教によっていやしめられない女性の肉体をもとめたのである。『デカメロン』には、恋のために夫を愚弄する人妻の話が語られ、ボッティチェリは、「ヴィナスの誕生」(一四八七年頃)で女体美をえがきだす。ラブレーの『ガルガンチュワ物語』(一五三四年)では、修道院に同棲する若い男女が、「欲するところを行なえ」という生活方針をもつ。

女性の側でも、旧秩序からの解放は、性の解放、愛情の解放としてうけとられた。ボッカチオは、『デカメロン』を、恋になやみながら部屋にとじこもっていなければならない女性のために書いたのだといっているように、女性たちは、これまでの道徳に拘束されない男女の愛情に、あこがれをいだいていたのである。旧来の価値観がくずれ、社会の急激な変動のなかに生きるルネサンスの女性にとって、道徳と道徳にささえられた家族制度は女性にたいする抑圧であると感じられ、それへの抵抗は、家族制度の中心をなす夫婦関係の破壊であるとおもわれた。経済的自立による解放がまったく日程にのぼっていないこの段階では、まず性や愛情を自然のものとして肯定することが解放とされたのである。

その後の歴史の過程でも、性の解放や自由恋愛はくりかえし主張され、しばしばそれは、女性解放と同義語とみなされてきた。それほどこの問題は、女性解放思想のなかでは、おおきな意義をもっている。というのは、女性への抑圧は、性や愛情つまり人間の本性そのものへの抑圧であり、この抑圧をとりのぞくことは、家長中心の家族制度を否定し、女性の人格的自立を実現するという、女性解放の基本的課題とつながっているからである。しかしもっと重要なことは、性や愛情の解放だけでは、女性解放が実現されなかったということである。生活手段をみずからの手ににぎらないかぎり、女性は性や愛情をも自分のものとすることができない。ルネサンスの女性は、「恋になやみながら部屋にとじこもっていなければならなかった」のであり、これまでの生活をおおきくかえることはできず、結局は現実と妥協し、家族制度のなかに埋没しなければならなかったのである。ルネサンスの解放は、性の解放をかかげることによって、女性解放という様相をもち、実際にはそうした面もあったけれども、それが女性自身の要求によるというより、男性の解放の要求からうまれたものであったということは、女性の性を解放された男性の性の手段として利用するにすぎなかったのだともいえよう。したがって、ルネサンスの性の解放や自由恋愛は、女性解放の萌芽であるとしても、それを延長すれば解放が実現するという性格のものではなかった。

学問の解放も、性の解放と同様な性格をもっていた。人文主義の文芸に接することのできた特権階級の女性たちにとって、学問は、同じ階級の男性と交際し、会話をかわすための必要な手段であって、それをもちいて生活しようというのではなかった。教育の差が性差別の一要因であることを考えれば、女性が男性と同等の高度の学問を身につけることは、性差別を解消するひとつの方法となるだろう。事実、ルネサンスは、幼児期は家にとじこめられ、成長してからは子供を生む準備しかさせられない女性の状態を攻撃して、フェミニズムの父とよばれた、コルネリウス・アグリッパのような人物をうみだしたし、エラスムスやトマス・モアも、女性の教育にたいしては関心をしめした。しかし、女性の自立と結びつかない学問は、教養の域を脱することができない。教養ある女性は、その後数多くあらわれたが、それにもかかわらず女性の状態の根本的改革がなされなかったのは、教養を通しては、家父長制の壁をうちやぶることができなかったからである。

性と学問の自由な領域があることを女性につげたルネサンスは、このようにおおきな限界をもっていた。この限界をみとめて、モンテーニュは『随想録』(一五八〇年)のなかで、家族制度を維持する結婚と、情念の発露である恋愛とをはっきり区別して使いわけることを奨励する。「美と愛欲によっていとなまれる結婚ほど、破綻をきたす結婚はない」、「よい結婚は恋愛をともなったり、その性質をおびたりすることを拒否する」とかれはいい、恋愛をみとめながら、結婚はそれと別の領域に属し、家柄、財産などを重要な要素として考慮すべきだと主張する。

混乱した社会の中で、矛盾した現実に適応していくこともまた、ルネサンス的人間の生き方であった。しかし、現実を現実として認めてしまうと、男性にとっては好都合だが、女性には不利な事情を肯定することになる。モンテーニュは、家庭の経営はむずかしいというよりわずらわしいものであり、それに没頭しない方がいいと説きながら、女性にとってもっとも有用な、そしてまた女性に要求されるべき学問は、家政であるといっている。このようにモンテーニュ自身は、女性の状態の改善に熱意をしめさなかったけれども、かれの養女マリ・ドゥ・ジャル・ドゥ・グルネは、『男性と女性の平等について』(一六二二年)、『貴婦人たちの不満』(一六二六年)などをかき、男女のちがいは生殖における機能のちがいにすぎないのに、それと無関係なおおくの性差別があることを指摘し、はげしく非難した。ルネサンスの学問は、自分のおかれた状態の不合理性をみつめる女性もうみだした。

ルネサンスの人間解放はおおきな壁によってさえぎられていた。しかしそこには、後世の女性たちの追求するいくつかの解放の原型が提示されているのであって、この意味では、やはりあたらしい時代への第一歩であった。

家父長制の再編成と女性の従属

宗教改革は、ローマ教会の腐敗にたいする批判だけでなく、ルネサンスの道徳的退廃にたいする批判でもあった。ゆたかなイタリア商業都市に開花したルネサンス文化が、学問や芸術にくわえて、華美な服装、ぜいたくな食事、さまざまな遊興場、混乱した性関係、売春、さらには新大陸からもちこまれた性病をも北上させた時、北部の農民たちは、神の権威をもってそれに抵抗した。社会の混乱期を泳ぎまわるイタリアの商人とちがって、土地に密着している小農民は、封建的秩序が解体をはじめても、従来の生産様式を急にかえることはできなかった。家内労働におおきく依存していたかれらにとって、ルネサンス的退廃は、解放であるよりは生活の基礎を崩壊させるものであったから、混乱をのりきるには、家族という生産組織を維持し、それをあたらしい社会に対応するようにつくりかえる必要があった。このばあい、かれらの労働の正当性が神にもとめられたのと同様に、家族組織の正当性も神に由来するものとされた。

宗教改革の家族論には、ひとつの矛盾が内包されていた。宗教改革の教義によれば、信仰の世界における権威者は、ローマ教会ではなく神そのものであり、信者はすべて神に直結する資格をもつ。「神の前では主人も奴隷も、男性も女性もない」という原始キリスト教の原則が、ここではつらぬかれる。しかし、神の前での平等を徹底させれば、各人はばらばらな存在でいいのであって、家族的結合を必要としないし、女性が男性に従う必然性もない。だが、宗教改革は、一方で封建的収奪やカトリック的支配にたいする個人の権利を強調しながら、他方で、社会を個人にまで分解してしまわないで、農業経営の単位としての家族を確立する必要にせまられていた。神に直結する個人と、頂点に家長の存在する権威主義的な統一的家族とを、調和させなければならないのだ。

ジャン・カルヴァンによれば、男性も女性も神の前では平等ではあるけれども、男性が土からつくられ、女性が男性からつくられたように、男性は女性にたいし権威をもち、女性のために犠牲をいとわないかわりに、女性は男性に服従するべきであって、このような両性の結合が神の意志なのである。ところが、人間が神の秩序をやぶり、原罪をおかして以来、この結合関係に混乱がうまれ、女性は男性への服従にたえられなくなり、男性は女性に暴君的な支配をおこない、両性とも結婚外の男女関係をもつようになった。結婚が人間の社会生活の出発点であり、夫婦が社会の基礎単位なのだから、それを破壊することは、社会全体を混乱にみちびくにちがいない。ルネサンスの性の解放は、カルヴァンの目からみれば、社会崩壊のはじまり以外の何ものでもなかった。

原罪をつぐなうためにこの世にキリストがおくられたように、両性関係の混乱を救済する道は、キリストを通じて、男女がふたたび結合することである。男女の結合は、神とキリスト、キリストと人間との関係にたとえられ、男性の優位の下に両性が協力することなのである。男女の本質的平等をみとめながら、カルヴァンは、神の名において、女性の男性への従属を説く。では、後に資本主義の精神に発展するプロテスタントの職業倫理を、女性はどう実践すべきだとカルヴァンはいうのであろうか。神のあたえた職業に精励することが、原罪をつぐない、神への道だとする教義は、やや内容をかえて、女性にも適用される。つまり、職業のかわりに家事や育児がおきかえられるのである。社会的に家事がどんなに評価されなくても、女性がそれに専念することは、神の栄光をあらわすことなのであって、家事に精励することこそ、神への奉仕の実証なのである。しかし、ここで容易に推測されるように、男性の職業活動=労働は、労働の結果を蓄積することができ、蓄積されたもの(富)の量によって職業への精励度を測定することができるけれども、家事には、それができない。男性の労働は、資本主義的営利活動に転化していくのにたいし、女性の仕事は、永遠に家庭のなかでくりかえされる。

宗教改革は、性を神のあたえたものとして肯定し、結婚を神の意志と考えることによって、僧侶の独身制を否定すると同時に、性関係を家族制度のわくの中におしこめて、一夫一婦制を確立した。従来のカトリックの教義が、形式上は一夫一婦制を説きながら事実上は一夫多妻制をみとめ、性の解放をもとめたルネサンスが、実際には男性に性の自由をあたえたにすぎなかったことを考えれば、性関係の平等を説いた宗教改革は、女性の地位を向上させたということができよう。けれども、宗教改革によって成立する一夫一婦制は、男女の性的分業とそれにもとづく家長の支配が貫徹するという点では、それ以前の家族制度とかわりはなかった。したがって宗教改革は、男性を封建的搾取とローマ教会の抑圧から脱却させて、近代的個人へと転化させる契機となったが、女性にたいしては、あたらしい性的抑圧をもたらした。これ以後展開される近代社会は、宗教改革がきずいた性差別のうえに維持される。

ただ、指摘しておかなければならないことは、宗教改革の過程で、ルターの指導の下に、またナントの勅令以後ユグノーのあいだで、女性のための学校が開かれたことである。ルネサンスが無視した階層の女性にも、文明への手がかりがあたえられはじめたのである。

絶対主義と啓蒙思想

ルネサンスと宗教改革につづく時代に、女性問題のもっとも豊富な材料を提供するのは、フランスであった。イギリスでは、ヘンリー八世の時代に独得の宗教改革をおこなってから百年あまり後に、早くも清教徒革命に突入したし、ドイツでは、宗教改革の指導者ルター自身が封建領主に結びつく傾向をしめして、古い秩序からぬけだすことができなかった。しかしフランスでは、イギリスのように市民階級が革命を開始するほど急速に成長しなかった反面、ドイツのように封建領主が群雄割拠するほど強力でもなく、諸勢力の抗争の中にあって、ブルボン絶対王政がかなり長期にわたって支配権をにぎることになる。そこで、この時期には、一方で、宗教改革以来姿をあらわしはじめた独立生産者層＝家父長的家族が、絶対王政に依拠しつつまた反撥しつつ成長をとげ、他方では、新時代に適応しようとする貴族や上層市民のあいだで、旧来の信仰とは別の次元の、普遍的原理＝理性による社会秩序がもとめられる。家父長制の再編成による女性の従属と、啓蒙思想の普及による女性の覚醒とが、フランスではからみあいぶつかりあいながら展開される。

絶対主義の時代には、さまざまな権力論が出現した。それは、絶対主義権力が強力だったからではなく、反対に不安定だったからである。絶対主義権力は、本質的には封建的性格をもつとはいえ、上昇する市民階級をも権力の基礎にくみいれなければ維持できなかったから、封建的勢力と市民的勢力の両方にたいして、権力の正統性を主張し、それを承認させる必要があった。そして他方、封建的勢力も市民的勢力も、それぞれの立場を強化するために強大な権力をもとめ、しかも権力が自分たちの利益に反して乱用されるのをおそれたから、権力の正統性とその限界とを探究した。神権説、暴君殺害論、分権論などは、こうした状況のなかからうまれた。

このばあい、権力の基礎は、それが神に由来すると考えようと人民のなかから生まれると考えようと、人びとにもっとも身近な、それ故に説得力のある家長権にもとめられた。たとえば、神権説をとなえたイギリスのロバート・フィルマーは、アダムの家長権の延長として絶対主義権力の不可侵性を説いた。権力の根拠を家長権にもとめることは、逆に、家長権の絶対性が権力によって補強されることでもある。政治権力と家長権とは、絶対主義期には手をたずさえて進んでいく。

権力を宗教から分離し、市民のなかにその支柱をみいだそうとしたジャン・ボーダンにおいても、権力の基礎には家長権がおかれていた。ボーダンのみた市民は、ばらばらの個人ではなく、家族集団の長なのであった。かれは、『国家論六巻』(一五七六年)で、「国家とは、たくさんの家族にたいする、またかれらが関係することがらについての、主権による正しい統治」だと規定し、家族とは、家長に服従する一団の人びとと、かれ固有の利益についての正しい秩序だという。家族の中に、一人前になり結婚してなお親の家にとどまっている息子がいるばあい、この息子は家長に絶対服従すべきだというのだから、ボーダンの家族は、まだ近代的核家族に分解してはいないというべきだろうが、家長は、国家に先行して自然的自由と私有財産権とをもつとされていることをみれば、近代的市民への傾斜を色こくもっている。

ボーダンの国家のにない手は、ふたつの顔、すなわち、家長の顔と市民の顔をもっていた。家長は、家庭内では不可侵の権力をもつ権威者であり、国家にあっては、ほかの家長と平等な関係にある個人なのである。ボーダンによれば、家庭内の夫婦の関係をみると、どんな法体系の下でも例外なく夫が妻の支配者であって、夫は妻の行動を管理し、その財産を使用する権利をもち、妻は夫の同意なくして訴訟をすることができない。たとえ、妻が夫への服従を拒むことができるという結婚契約をしても、それは神法と実定法と公共の利益に反する行為だから、無効である。しかし、家長という権威者が国家の構成員としてあらわれたばあい、かれは自由な市民なのであり、他の市民と同等の資格で主権者に依存する。ボーダンの市民概念は、後のルソーの市民概念にくらべて、はるかに封建的要素が強いけれども、権威的家長と自由な市民という二重性をもつことでは、ルソーとかわらない。近代民主主義の形成過程で、家長権は弱まるどころか強化されていくのであって、この二重性つまり男性の自己分裂は拡大され、それに対応して、女性の従属も維持される。

絶対主義の権力論が家父長制を強化したのにたいし、その合理主義は、女性解放にひとつの手がかりをあたえた。デカルトが、すべてをうたがい、最後に、うたがう能力すなわち理性は、万人に平等にあたえられていると主張したことは、理性の時代の開始をつげただけでなく、女性解放にも偉大な光をなげかけた。もちろん、デカルト自身が女性解放を理論化しようとしたわけではなかったけれども、かれにはじまる合理主義によって、第一に、一切の権威や習慣をうたがう道が開かれ、第二に、すべての人間の平等性を主張する根拠があたえられた。理性の光に照らしてみれば、これまで宿命とみなされてきた女性の従属状態も、偏見の産物となるであろうし、女性の無能も、本性にもとづくものではなく無知蒙昧の結果であって、理性が覚醒されれば男性と能力上の差はなくなるかもしれない。

啓蒙の時代に、デカルト合理主義を女性に援用した思想家に、フランソワ・プーラン・ドゥ・ラ・バールがいる。かれは、『両性の平等について』(一六七三年)を書き、男女の不平等は、因習とゆがめられた教育の結果であり、もし女性にふさわしい教育があたえられれば、女性にとって不適当な職業はなく、医者、判事、牧師という男性に独占されている職業に女性もつくことができるのだと主張した。百科全書派も教育には強い関心をしめし、とくにエルヴェシウスは、男女の教育の平等を説いている。しかし、女性が教育をてことして自からの解放をもとめるのは、まだかなりあとのことであった。

サロンの盛衰とカトリックの女性教育

ルネサンスにナヴァルの女王マルグリットを生んだフランスでは、貴族や上層ブルジョワジーの女性のあいだで、文芸尊重の伝統が継承され、とくに十七、八世期には、女性たちを中心とするサロンが開花した。あたらしい学問＝啓蒙思想の温床となったサロンは、絶対主義の末期が近づくと、反権力のイデオロギーのとりでとなり、フランス革命の思想的準備をしたことは有名である。サロンの中から、ディドロ、ダランベールなどの思想がつくられ、ルソーの思想もサロンを無視して考えることはできない。

サロンを主催したのは女性たちであった。そして、かの女たちの知識も教養も、そこに集まった文学者や哲学者たちに必ずしも劣るものではなかったし、何人かは著作活動もしたが、それにもかかわらず、女性たちの中から一流の学者は出ず、エルヴェシウスもドルバックも生まれなかったのはなぜだろうか。

それは、ルネサンスのばあいと同様、女性の学問が趣味や教養の段階にとどまっていて、男性のように「仕事」にならなかったからである。知識のための知識は、学問を衒学に堕落させる。女性には、学問で身をたて、学問を生活の目的とする条件があたえられていなかっただけでなく、サロンのなかに、学問を尊重しながら学問のある女性を軽蔑する雰囲気があった。モリエールの『女学者』(一六七二年)がえがいているように、学問にすぐれた女性は、「プレシューズ」とか「ファム・サヴァント」とか軽蔑をこめてよばれ、学問をひけらかし、男性との恋愛には失敗する女性とみなされ敬遠された。女性にたいし、話し相手として同程度の教養を身につけることを要求しながら、かの女が、自分以上の能力をもつことを面白くないと思う男性によって、女性の学問も性格もゆがめられる。たとえ男性より知識をおおくもっていても、女性はそれを社会に公表するのではなく、無能のふりをするのが、サロンにおける処世術のひとつとなる。

サロンでの女性の力、それは、男性の関心を自分に集中し、それを結婚や家庭のわくの中におしこめないで、プラトニックな状態に維持しておくことであった。結婚や家族制度を、社会の習慣としてみとめ、一応それに従いながら、家庭外の男女関係により高い価値をみいだし、しかも男性の求愛を拒んで、陳腐な恋愛や結婚にしてしまわないように努力することの中に、女性たちは男性にたいする優越をみいだした。歪曲された形態ではあるが、これが家族制度への抵抗であったことは否定できない。しかしまた、こうした傾向が一歩すすめば、サロン全体を腐敗にみちびくことも、容易に想像されるだろう。学問の本筋からはなれてしまった警句や趣味、ソフィスティケイトされた会話がかわされるだけでなく、中世的騎士道《ロマンス》、ルネサンス的性の退廃、それに政治的策略、陰謀の巣に、サロンはやがておちいっていく。

サロンを中心とする上流階級の女性の退廃現象にたいし、宗教教育を通して女性を家庭にもどそうとする主張が、カトリックの側からなされた。フェヌロンの『女子教育論』(一六八七年)は、こうした意図のもとに書かれた。かれによれば、神の問題については男女平等だが、地上の問題については両性のあいだにおおきな差があり、男性は社会に貢献し、女性は家庭につくすように義務づけられている。したがって最上の女性教育とは、女性にこの義務を自覚させ、かつ実践させることでなければならない。サロンの女性たちのように、知識のための知識は不必要なばかりか、家庭生活を不満に感じさせるので有害である。女性教育の中心は、宗教教育と、主婦としての教育におかれるべきであり、あとは、読み書き算術、ばあいによってはそれに音楽と歴史がくわわればよい。かれのこうした主張からもわかるように、女性を無知にとどめておくということと、女性に家庭を守らせるということとは、表裏の関係におかれていた。

宗教改革によって基礎をほりくずされたローマ教会は、新教を異端として攻撃するだけではなく、やがて、内部にむかっては自己粛正を、外部にむかっては異教徒にたいする布教活動をおこない、勢力の再建にのりだす。フェヌロンの女性教育への関心も、カトリックの自己改革の一環であった。絶対主義権力と結びついていたかれは、宗教を通じての家族制度の強化に、秩序の維持、権力の安定の基礎をみいだしたのであった。家父長制を整備しつつ上昇してくる市民階級をだきこみ、くずれつつある上流階級に家父長制のわくをはめることは、宗教と政治のふたつの権力を補強することになる。社会秩序は、いつも女性の抑圧のうえにきずかれてきた。

独立小生産者と家父長制

フランスの絶対主義が、一方で啓蒙思想を育成して教養ある女性をつくりだし、他方で家父長制を強化して女性を家庭にとどめようという矛盾した傾向をもっていたことは、フランスにおける資本主義の発展の特質をうつしだしていた。絶対主義が長期にわたって権力をにぎっていたフランスでは、資本主義のにない手となる市民階級の力が、たとえばイギリスに比較して弱く、上層部は、絶対主義を批判しながらそれに依存して発展をとげ、下層部は、絶対主義に反撥するとともに資本主義の展開にも批判的態度をしめすという具合に、両極分解の傾向をはらんでいた。どちらも、家長中心の家族制度にささえられていたことにかわりはないが、上層部は啓蒙思想にそった女性教育に熱意をしめし、下層部は家父長制を強化しようとする。

近代地主、商業資本家、マニュファクチャー資本家などからなる上層の市民階級にとって、家族は消費の単位であり私有財産を維持し継承する場であるとしても、すでに生産単位としての機能はうしなわれていた。すくなくとも、女性たちを生産活動にまきこむ必要はなくなっていたといえよう。むしろかれらが絶対主義権力と接近するためには、その女性たちは、社交場＝サロンで活躍するための知識と教養を身につける必要があった。これにたいして、市民階級の下層部すなわち小農民や手工業者たちは、家族がひとつの経営体であって、女性は、家長を経営者とする経営体の一員でなければならなかったのである。

これら小生産者たちは、自分自身が経営者であると同時に直接生産者であったから、上層市民階級よりはるかに強烈に「労働による所有」を主張する。各人は、自分の労働を投下して手にいれた生産物にたいし排他的所有権をもつというこの原則は、労働によらない所有つまり封建的収奪を排除するという意味で、近代的所有権の根拠であり、またその所有権のにない手を主体に、原理的には自由・平等な市民社会が形成されたという意味で、近代民主主義の基礎であった。けれども、「労働による所有」には欺瞞がかくされているのであって、それは実際には各人の自由と平等を保障するものではなかった。第一に、人間の能力に差がある以上、「労働による所有」は必然的に所有の不平等をもたらし、蓄積や相続を通して不平等は拡大されることになる。つぎにのべるルソーは、この問題にとりくんだのであった。第二に、生活資料の生産と生命の生産とが車の両輪のような関係にある人間生活のなかで、「労働による所有」だけがつらぬかれるとすれば、生命の生産について重い負担を負う女性は、男性に比較してわずかな所有しかみとめられないことになる。そしてこの差は女性が生産者として自立することをさまたげ、かの女を男性に従属しなければならない存在にしてしまう。

第三に、小生産者が強調する労働の成果とは、家長個人の労働の産物とされ、かれ個人の所有に帰するけれども、実は家族員全体によってつくりだされたものなのである。「労働による所有」を厳密に解釈すれば、妻をはじめ家族員全体にそれぞれ所有権をみとめなければならないはずだが、そうなると、かれらの経営自体がなりたたない。小生産者的経営を維持するために、家長は、外にむかっては収奪を非難しながら、内にむかっては収奪者となる。そしてまた、家長は、この経営が、私有財産が、自分の血をわけた子孫に継承されるのをのぞむから、自分の子供を生む女性を、妻として「所有」しなければならない。妻は収奪される労働者であると同時に、子供を生む手段となる。

これら小生産者層は、資本主義の発展によってたえず没落の危機にさらされていたわけで、そのことが、かれらをさらにいっそう自由・平等の市民的原理と、家父長制とに固執させる。小生産者の没落とは、その経営体の崩壊でありその家族の崩壊なのだから、没落をくいとめるために、かれらは家族制度に懸命にしがみつく。かれらが危機におちいればおちいるほど、男性は家長権を強化し、女性を従属させようとする。ここに、絶対主義権力にたいしてもっとも強く抵抗し、近代民主主義の実現にもっとも熱意をしめした階層が、性差別をもっとも必要とした階層であったという歴史の逆説が成立する。

フランス小生産者のこのような性格をあらわしている思想家は、ジャン＝ジャック・ルソーであった。かれは、『社会契約論』(一七六二年)で、構成員の自由と平等が確保される、直接民主制の共和国を考えながら、女性にたいしては、きわめてきびしい態度をしめす。かれは、女性を「従属すべき性」と公然とよんでいるし、男性のために奉仕する女性をつくることを、主張している。あとでのべるように、かれによって代表される小生産者の女性観は、フランス革命をへてナポレオン法典に結実し、近代法における女性の家長への従属を決定的なものにする。かれの思想の中に、自由・平等・独立を原則とする市民社会が、いかに性差別によって維持されるかという秘密がかくされているし、この思想を克服することなしに、近代から現代にまで続く性支配から、女性はぬけだすことはできないであろう。

ルソー的男性

自然法思想家であるルソーは、近代民主主義思想をつくりあげたほかの自然法思想家、ホッブズやロックと同様に、人類の最初の状態を、法律も国家権力も存在しない自然状態と考え、そこから社会を構成していく。したがって、自然状態をどうみるかということの中に、かれ自身の現実社会にたいする姿勢と、理想社会を展望する姿勢とがふくまれている。

ルソーのいう自然状態は、第一に、生活資料が豊富に存在して、だれも労働によってそれを確保する必要がなく、第二に、人間はひとりで孤立して生活し、共同生活をいとなむ必要がない、という特色をもっている。このふたつの特色は、密接な関連をもっており、生活資料が豊富にあるために、だれにも依存せず、だれをも支配せず、家族も構成しないで自由・独立の生活を送ることができるし、また、生活資料の所有者を確認する必要がないから、私有財産を主張することも、万物は共有であると主張することもない。私有も共有もない、完全に自由な状態、これがルソーの心の奥にひそむ理想であった。

けれども、こうした自然状態に、人類はいつまでもとどまっていることはできなかった。食糧と人口との調和がやぶれ、自然のあたえるめぐみだけでは生活ができなくなり、人びとは、労働によって生産物を確保しなければならなくなったからである。この時から、「労働による所有」(私有財産)が発生し、家族が形成され、人間のあいだに不平等が成立したのだと、ルソーはいう。ところが、自然状態は理想の状態ではあっても、ひとたび人類がそこからはなれると、もはや復帰することのできない状態なのだから、人びとは、私有財産をみとめたうえで、できるだけ理想に近い状態(自由・平等・独立の状態)を、自分たちの手でつくりださなければならなくなる。

その方法を、ルソーはふたつの方向から考える。ひとつは、自由・平等な人間関係をつくるのにふさわしく人間を改造することであり、もうひとつはそうした人間関係を維持できるように社会を改革することであった。かれによれば、人間のあいだに不平等が形成され拡大されるのは、人間の自己保存の本能が、自分の能力以上のものをもとめる欲望に、他人をおしのけて傑出しようとする自尊心に転化するからである。こうした情念を放置すれば、人びとはそれの奴隷になってしまい、社会は金持と貧乏人、支配者と被支配者に分裂し、混乱におちいってしまう。これが絶対主義下のフランスの現実だとかれはみた。そこでかれは、生命力=労働意欲の原点としてのこの情念をひとまずみとめたうえで、情念が自由に展開するのを、人間に内在する理性や良心によってくいとめようとする。自分の情念を自分の力で抑制し、自由と独立を保持しながら、平等な人間関係をつくること、これがルソーの目的であり、こうした人間を形成することが、かれの教育論『エミール』(一七六二年)で説かれている。

ルソー的人間をつくりだしそれを維持していくには、社会組織も改革されなければならない。すべての人間が自由・平等・独立の生活を送ることができ、個人の利益と全体の利益とが一致しうるような状態とは、だれもが一応の財産を所有し、だれもが他人よりおおく所有しない小土地所有者の国家であると、かれは考える。かれの『社会契約論』では、すべての人に「労働による所有」を保障し、しかもそこから発生する不平等・階級分化をくいとめるために、各人は本来もっている自然権をひとまず放棄して、一般意志＝国家意志を形成しそれに服従するという、契約が説かれている。これが社会契約であり、これによって、「各人はだれにも服従せず自分だけに服従する」民主国家が成立することになる。ルソーの民主国家とは、封建的収奪と資本主義的階級分化の両方にたいする抵抗の組織であり、「労働による所有」という市民社会的原理をみとめたうえでそれの資本主義的発展を阻止すること、つまり歴史を停止させることによってのみ実現可能な、政治組織であった。

ルソー的女性

ルソーは、男性を自由・平等・独立な存在にしようとして、人間の改造と社会の改革を主張した。けれども、女性については、そうは考えなかった。ただ、自然状態では、すべての人間が独立の生活をいとなみ、家族を構成することも共同生活をすることも必要なかったというのだから、このかぎりでは性差別は存在しなかったというべきであろう。女性が出産、育児の負担をおうとしても、生活資料のゆたかさと、子供のすみやかな成長によって、負担がおおきな差としてあらわれなかったと考えられている。

しかし、この自然状態においても、ルソーは、男性同士の人間関係と男女間の人間関係とを区別しているのである。男性同士の関係については、他人の苦痛を想像し他人との平和的関係を維持する憐憫が働くのにたいし、女性にたいしては、本能としての自愛心が作用するのだという。すなわち男性の欲望の目的として女性が考えられているのである。社会状態に移行すれば、男性同士には理性が働いて、自分と対等な人間をみとめあうのに、女性については、男性の情念の対象でしかない。ルソーは、男性を中心とする社会の構成を頭にえがいていたのであって、女性を社会の主体とすることも、男性と対等な存在とみなすことも、考えてはいなかった。

その理由は、「男性は欲望のために女性に依存し、女性は欲望と必要のために男性に依存する」というかれの言葉にはっきりとあらわれている。つまり、男女は、性的差異からいって相互に依存する関係におかれているだけでなく、女性は、生活必需品を手にいれるために、男性に依存しなければならないのだ。自然状態では、必需品を手にいれるのに、労働を必要としなかったから、女性は男性に依存することなく生活することができたけれども、自然状態がうしなわれてだれもが労働によって生計を維持しなければならなくなると、男性が必需品をあたえなければ、女性は生きていくことができない。ルソーが自覚していたかどうかは別として、「労働による所有」の成立は、男性間の不平等の起源であると同時に、男女間の不平等の起源でもあった。労働で優位にたつ男性は、女性を労働から排除するとともに、労働のみを所有権の基礎にして、労働の成果を享受する権利から女性を排除していった。

ルソーの課題は、自然状態に存在した自由・平等・独立を、社会状態でどう実現するかということであった。ところが、これは男性だけの問題で、女性は生まれながらにして男性に従属すべき存在なのだから、自由も独立も平等も、本来無縁なものとされる。『エミール』をみると、女性教育については男性教育とまったく反対のことが要求されている。

「女性教育のすべては、男性に関係するものでなければならない。男性によろこばれること、男性の役に立つこと、男性に自分を愛させ尊敬させること、男性が幼い時は養育をし、成人したら世話をやき、男性の相談相手となり、男性をなぐさめ、男性の生活を心地よくたのしいものにすること、これが女性のあらゆる時期の義務なのであり、子供の時から女性におしえなければならないことなのである」。

出産と育児についても、男性に関係づけ、男性のためにおこなわれなければならない。妻の姦通は、夫の名誉をきずつけ、夫の子供以外の人間を家庭にもちこむという理由で攻撃されるのに、夫の姦通は非難の対象とならない。女性は、「男性のようにしばしば悪徳にみち、またいつも欠陥にみちている不完全な存在に服従するようにつくられているのだから、早くから夫の非行や不正にたえしのばなければならない」のである。まったく男性に都合のいい理屈だけがならべられているのだ。体育についてさえ、女性の健康を目的にするのではなく、「男性のために、またかの女から生まれる男性が同じように強健であるために」体をきたえるべきだという。だから、少女時代には運動で体力づくりをし、結婚したら家にとじこもって家事に専念する女性が理想とされる。他人の奉仕のために存在する人生、女性の一生とはそういうものだと、ルソーは考えていた。

男性に理性や良心があたえられているように、女性にもそれらがそなわっていることを、ルソーは否定しない。しかし、理性や良心の果す機能は、男性と女性とでは異なっている。男性のばあい、それは情念をおさえて、自分の義務を認識し、対等な人間とのあいだでの道徳秩序の維持にむけられる能力だが、女性にとっては、夫に服従し家族に献身することを義務づける能力なのである。女性の理性とは、実際生活を処理できれば十分で、善悪の判断などは、両親や夫や世論の判断にしたがえばよい。自由と独立をあれほど熱望したルソーは、女性を精神的奴隷状態におくことに、おおきな矛盾を感じなかったようだ。ルソーの徹底した民主主義の裏面には、このような暗黒の領域が広がっていた。

ルソー的家族

すでにのべたように、ルソーが男性を自由な人間、女性を従属する人間と考えたのは、かれが絶対主義下の小生産者層を足場にしていたからであった。小生産者の家族は、家長を頂点とする小宇宙であり、家長の統制の下に秩序ある生産活動、家庭生活がいとなまれ、家長の所有する私有財産が維持され、相続される。統一的経営を必要とするこの家族は、たとえ夫婦を中心に構成されるとしても、ふたつの権力の存在は許されず、どちらか一方に経営の実権はゆだねられる。ルソーは、男性が権力をにぎるのは、女性より男性の方が肉体的に強者だからであって、「はかりが完全につりあっている時には、それをかたむけるのに一本の藁があれば十分である」という。わずかな差であっても、肉体的優位は、決定的意味をもつ。

ところが、かれは、『人間不平等起源論』(一七五五年)では、別なことをいっているのだ。人間の自然的不平等、つまり年齢や体力や精神力の不平等については除去しえないものとして一応みとめ、しかし、それらが社会的、政治的不平等の基礎にならないことを主張しているのである。強者の権力がみとめられれば、どんな専制政治も正当化されるだろう。ルソーだけでなく、近代民主主義の思想家はすべて、強者の権力を否定して、強者も弱者も平等な、合意による権力の樹立を説いている。しかしまた、国家権力について平等な人間の合意を説くかれらのほとんどが、家族については強者の権力を主張するという矛盾をおかすのである。かれらが意識したかどうかはともかく、家長権の基礎は、男性の単なる体力的優位にではなく、労働における優位にあることはあきらかであろう。女性が、出産、育児、家事をおわされて男性と同様に労働に専念できないことが、小生産者の家庭では、男性の手に支配権のわたる理由なのである。

家長権が絶対的権力であるとしても、ルソーは、それが恣意的になるのをのぞまなかった。かれの小説『新エロイーズ』(一七六一年)にえがかれている理想の家族、ヴォルマール家では、家長ヴォルマールが、家族員全体の利益と自分の利益とが一致するような秩序をつくりだすように努力し、他方、家族や召使＝労働者は、家長に心服し、かれの秩序に自発的に服従している。ヴォルマールとその妻ジュリとの関係をみると、支配服従というより協力関係にあり、一見ジュリが家庭の采配をふっているようにみえる。しかし、ジュリが情念に迷いながら、妻としての義務意識から家庭の秩序を守るのにたいし、ヴォルマールは、理性の体現であり、秩序そのものとしてあらわれる。かれの関心は、家族員が家庭の秩序の中で活動するのを観察することであり、かれらに、権力に隷従しているのを意識させずに服従させることである。つまり、ヴォルマールの家庭内での役割は、暴君ではなく開明的な、支配者になることであった。

開明的であろうとなかろうと、ルソーの家族は、家長の権力の下に構成される組織であることにはかわりはない。そこでかれの人間(男性)も、ボーダンのばあいと同様、ふたつの顔をもつことになる。国家の一員として、他の人びとと同等に一般意志の形成に参加し服従する、民主的市民の顔と、家庭内では絶対的権力をにぎる家長の顔とである。このことと対応して、ルソーの国家組織と家族組織とは、異質な構造をもつ。国家は、平等な等質な市民によって構成される民主的組織であるが、家族は、不平等な異質な家族員によってつくられる権威的組織である。したがって、ルソーが古い秩序から解放したのは、こうした権威的家族制度の上にたつ家長＝男性であり、その解放は、家族とくに女性の抑圧を前提とすることによって可能なのであった。いわゆる近代的自我とは、性差別の上に成立する男性の自我なのだから、女性にこのような自我がないというのも当然のことだし、女性が自我を確立しようと思えば、近代的自我とは異質の自我をもとめなければならないであろう。

封建社会の解体とともにその胎内からあらわれた小生産者層は、資本主義の進展に直面して崩壊の危機にさらされていた。それは、社会においてはこの階級の両極分解(資本家に上昇する少数者と、没落する多数者への分解)、家族においては小生産者的経営の解体と家長権の弱体化、個人においては自我の喪失としてあらわれる。これをくいとめようとしてルソーは、個人にたいしては理性や良心による自律性の回復を、家族にたいしては家長権による統制の強化を、社会にたいしては一般意志による市民の服従を要求する。当時のほかの思想家にくらべて、ルソーがとくに家長的権威への女性の服従を強調するのは、このような理由からであった。

したがって、ルソーは、家長が絶対的権力によって支配する家族を理想としたとしても、家長のこの状態を人間の完全に幸福な状態とみているのではない。ヴォルマールについては、「理性の偉大さの体現であるが、理性の悲惨の体現でもある」という批判がなされているように、秩序の頂点にたつかれは、孤独な人間としてえがかれている。ルソー自身も、無学な女性テレーズと結婚しながら、上流階級の女性に熱烈な愛情をいだくという、矛盾した生活を送っている。自由・独立のルソー的人間とは、このような危機にたつ男性であった。

イギリス市民革命と女性

十七世紀に先駆的市民革命を遂行したイギリスでは、市民階級の指導の下にあたらしい支配体制がきずかれた。もっとも、地主勢力は依然として残存し、それと妥協しそれをまきこみつつ、市民階級は発展していかなければならなかったが、他方で小生産者階級は、革命の過程で分解し、強力な反資本主義的勢力とはならなかった。フランスで市民階級の上層部が絶対主義と癒着し、下層部が小生産者階級として根をおろしていたのとちがって、市民革命から十八世紀末までのイギリスでは、地主的市民階級が主導権をにぎっていた。そこでイギリスのばあいは、伝統的な家父長制と市民社会的な家父長制とが容易に結合してしまって、家父長制が批判の対象にも、擁護の対象にもなることなく、自明のこととしてうけいれられた。市民階級の相対的な強さが、家父長制の不合理性を女性に意識させる思想を育成することも、家父長制の中に女性を拘束する必要を説く思想を育成することも、さまたげた。

名誉革命の理論家ジョン・ロックは、イギリス合理主義の代表的思想家のひとりであり、また、家父長制の擁護者でもあった。かれによれば、人間は白紙の状態で生まれるのであって、人間の身につけている観念はすべて、生まれながらのものではなく、成長の過程で精神にうえつけられた印象によるのだという。この理論をおしすすめると、男女の能力や性格の差は、環境や教育によってつくりだされたものだということになる。女性をとりまく環境が改善され、女性に課せられる教育が改革されれば、女性は男性におとらない能力を身につけることができるだろうし、男性と同様な理性的存在として社会的に評価されるにちがいない。デカルトの合理主義とは異質ではあるけれども、ロックの合理主義も、女性の状態を反省する手段に転化する可能性をもつ。しかし、ロックの合理主義が女性解放の理論的武器としてつかわれるには、十八世紀末のウルストンクラフトの出現までまたなければならなかった。

合理主義者ロックは、家長の権利を当然のものとして主張する。政治社会については、自由・平等・独立の個人を主体とし、かれらの同意によって権力は成立すると説きながら、夫婦の関係は政治社会と本質的にちがう人間関係だといって、平等を否定してしまうのである。

「夫と妻とは、ただひとつの共通の関心をいだくとはいえ、それぞれ別の悟性をもつのだから、時にはそれぞれ別の意志をもつこともさけられないであろう。したがって、最終決定権、すなわち命令権がどこかにおかれなければならないが、それは有能で強力なものとしての男性の手におのずから帰する」。

ここに、ルソーとほとんど同じ論理をみることができるだろう。政治原理としては民主主義、家族制度には強者の権力を主張するという矛盾を、ロックもおかすのである。「有能で強力である」というのは、知性ゆたかで腕力が強いだけでなく、ルソーと同様、労働における優位を意味するのである。自然状態では、すでに「労働による所有」が成立しているとかれは考え、所有権の基礎として労働を重視する。所有権を男性が独占することによって、夫が妻を支配するばかりか、子供にたいする父親と母親の親権のあいだに、いちじるしい差をつけてしまう。ロックは、「父親のなかには、ふつうもうひとつの権力があって、この権力によって、かれはかれの子供の服従をつなぐきずなをもつ。……これは、人びとが一般に、自分の気にいった者に自分の財産をあたえる権利である」という。市民革命の過程で、政治の領域では、絶対主義権力がくつがえされ、そのあとに市民的権力が樹立されるのに、家族にあっては、家長の権利は維持され、封建的私有財産の権利にかわって市民的私有財産の権利がそれをささえる根拠となる。

このように、フランスでは、小生産者が強調した家父長制を、イギリスでは地主と妥協した市民階級が主張した。しかし、イギリス市民革命後の社会に実際にもとめられた家庭や女性は、ルソーの理想とはかけはなれたものであった。上昇してきた市民階級は、ルソー的小生産者のようにその地位に固執するのではなくて、家柄をほこる旧支配層の社会にはいりこもうとしたし、他方、没落する貴族、地主は、成上りの市民階級の経済力に依存しなければならなかった。上流の社会に一歩でも近づこうとする人びと、失われつつある地位を固守しようとする人びとは、娘たちの結婚を通して目的を実現しようとする。かの女たちを教育するために、寄宿学校がたてられ、そこでは、ダンス、音楽、フランス語など、男性と交際し男性の歓心を買う趣味的教養がおしえこまれ、知的教育は無視された。家事に従事し、生産労働にも参加したフランス小生産者の女性より、はるかに後退した愛玩物化された女性が、理想像として登場する。

このような俗物主義的女性観の支配するイギリス社会にも、女性独自のうごきがないわけではなかった。上流階級のなかには、学問や知識において、男性をしのぐ能力を発揮する女性があらわれた。マシャム夫人は、友人のロックから、知識のゆたかさとそれを駆使する能力において、かの女にまさる男性はおおくないと賛美されたし、モンターギュ夫人は、その博識ぶりが、イヴのようにリンゴの実をひとつ盗んだのではなく、木全体を盗んだようだという評判をたてられた。モンターギュ夫人などを中心に、フランスのサロンをまねた集会、ブルーストッキングがつくられ、知識人たちが出入りをしたのは有名である。ただ、イギリスでは、フランスのサロンほどこの種の集会がさかんにおこなわれなかったし、性道徳の退廃にむかうこともなかった。かの女たちの関心は、学問、教養、宗教の領域にとどまり、その領域において、意見がかわされ、能力がしめされた。特権的階級にかぎられていたとはいえ、環境や教育次第で、女性も男性におとらない能力をもちうるのだということが立証されたわけで、こうした状況を背景に、ソフィアという署名で『女性は男性より劣等ではない』(一七三九年)という小冊子がだされ、これにたいし、一紳士という名で『男性は女性より優越している』(一七四〇年)という反論もあらわれた。

趣味や教養として学問をする上流階級の女性とは別に、文筆で生計をたてようとする女性がこの頃からあらわれはじめ、アフラ・ベインは、劇作家として成功をおさめた。また、女性の知的教育を軽視する当時の傾向に反対して、メアリ・アステルは『貴婦人へのまじめな提言』(一六九四、一六九七年)を書き、女性のための学校の設立を要求した。

紳士と淑女

イギリスの名誉革命体制をきずいた地主的市民階級は、フランスの上流階級ともルソー的小生産者ともちがった男性像＝紳士をつくりあげる。紳士とは、家柄には限定されず、主に土地財産と結びつき、地方にあっては治安判事などの地方行政を担当し、中央では国会議員、上級官吏、外交官、軍人などの地位をしめる、庶民の上にたつ支配階級一般のよび名であった。このことは、イギリスの支配階級が、伝統的閉鎖的性格をうしなって、下からの参加の道を開いていることを物語っている。しかし、この階級が「庶民の上にたつ」ためには、庶民と区別された生活様式を堅持する必要があり、イギリスでは、支配階級が下からのあたらしい血液をすいあげる道を開いているからこそ、かえって伝統的生活様式に固執するという逆説が成立する。史上最初に市民革命を遂行した国に、後進国以上の身分差別の習慣が残っているひとつの要因はここにあるといえよう。

紳士となるための資格として、知的教育や職業教育はそれほど重視されない。学問とか職業教育とかは、貴族階級からの脱落者が生活の手段としてそれを必要としたという事情や、それが、才能や富によって上流階級に仲間いりをした「成上り者」の証拠とされたことから、支配階級一般によって軽蔑の目をもってむかえられ、紳士の証明にはならなかった。イギリスには、貴族の長子(遺産相続人)は、署名をするために自分の名前さえ書ければいいという伝統さえあった。ここでは、フランスの上流階級のように、啓蒙思想を育成していく基盤が弱かった。

学問的知識にたいして拒絶反応をしめすイギリスの紳士は、そのかわりに経験的知識、礼儀作法、しつけのよさを尊重する。紳士の処世術を書いたチェスタフィールドによれば、経験的知識は、人間性を熟知することであって、それは、人間の賢愚、情念のうごきを見ぬき、自分の感情をかくして他人の野心や虚栄心を利用するために必要なのである。したがってそれは、紳士が社交界でマキアヴェリズム的に行動するために欠くことのできない知識であった。また、礼儀作法は、他人との交際や会話を気持よく運ぶ手段であり、むきだしの利己的行動が直接ぶつかりあうのをさけるための、潤滑油である。だから、経験的知識と礼儀作法とは、紳士が庶民と区別される存在であることの証明であると同時に、かれらが支配階級内部での政治的かけひきを巧妙におこなうために、身につけなければならない一種の教養なのであった。

学問を軽視し、土地とのつながりの深いイギリスの紳士にとって、女性つまり淑女たちは、フランスのサロンの女性に比較して、教養を身につける必要はなく、家父長的支配の下に満足して生活すべき存在と考えられた。社会で活動する男性に休息の場としての家庭を提供し、かれの遺産相続人を生み、かれの愛情や性的欲望を満足させ、生活全体を家長に依存する女性、これが紳士のもとめる妻であった。「棚の上に飾られた陶器」にたとえられたように、外見が美しければ頭の中はからでもよかった。

社交界での女性も事情は同じである。そこでは、「女性が男性をよろこばせる」のではなく、

「男性が女性をよろこばせる」というのだから、一見男女の立場は家庭でのそれと反対のようにみえるけれども、「男性が女性をよろこばせる」のは、かれの礼儀作法の表現であり、出世の手段なのだ。淑女は、このばあい、社交界でのアクセサリであって、紳士の活動を円滑にするために存在するにすぎない。家庭にあっても社会にあっても、女性は自分の生活をもたないで、利用されるために生きてきた。

バークにおける「崇高」と「美」

イギリス支配階級のこうした女性観をほりさげて説明した著作に、エドマンド・バークの『崇高と美の観念の起源に関する哲学的研究』(一七五七年)がある。この著作は美学の文献としてしられているけれども、そこでは、ルソーとはちがった方法で、男性の優位、女性の劣性が論じられている。

バークは、人間の感覚を理論的に整理することを目ざして、それを、苦痛、快楽という功利主義的用語をつかって説明する。人間を支配するこのふたつの感覚のうち、苦痛は、自己保存、つまり生命を守り健康を維持する配慮と、怠惰の克服、労働につながる感覚であり、さらにそれは、崇高の観念に結びつくという。崇高とは、広大、無限、壮麗、空虚、暗黒などがもたらす驚愕、恐怖、畏敬の念であって、神経の急激な緊張や弛緩からうまれる。これにたいし快楽は、女性との関係をもとめる欲求、つまり生殖につながる感覚であり、美の観念に結びつく。美とは、優美、繊細、洗練などがもたらす快感であって、神経の弛緩または漸次的変化からうまれる。

功利主義的用語をつかっているといっても、バークのばあいは、功利主義の代表的思想家ベンサムのように、苦痛と快楽とを人間に内在する同格の原理と考えるのではなく、ちがった機能を果す異質の感覚と考えている。したがって、あとでのべるように、ベンサムが、家長の権威を強く主張しながら、人間論の出発点においては男女を区別していないのにたいして、バークにあっては、はじめから男性の立場にたって理論を展開する。女性を男性と同等の感覚のにない手と考えようという意図など、かれはもちあわせていなかった。

バークにとって、男性は自己中心的存在であるけれども、女性は男性の附随的存在、快楽や休息の対象としてのみ意義があるにすぎない。男性は主体であり女性は客体なのだ。ルソーと同様に、バークは、男性相互の関係と男女間の関係とを異質のものとみる。男性は相手の男性を、苦痛、快楽の感覚も、崇高、美の観念ももつ完結した体系として、自分と同質の存在としてみとめるのに、女性にたいしては、美的観念をおこさせるだけの不完全な存在としか考えない。しかも、崇高が偉大なものにたいする畏怖であるのに、美は、弱さ、愛らしさがもたらす快感だというのだから、崇高の観念に比較して、美の観念は低い価値しかあたえられず、したがって、女性は男性の生活の中で低い次元の領域しか占めないことになる。バークのように、人間の感覚を苦痛と快楽に、そしてそれらを崇高と美につなげて整理してしまうということは、人間生活を自己保存＝労働と、生命の生産とに分断し、女性を労働から排除し生殖の領域にしこめることであり、生殖より労働を、男性と女性との生活より男性独自の活動を、高い地位におくことなのである。生命を賭ける事業は、生命をつくりだす事業より、高い価値をもつのだ。国家への献身であろうと神への奉仕であろうと、男性には、女性につながる愛情や生殖よりも、はるかに意義ある生活領域があるという主張は、その後の保守主義者の口から、くりかえし語られる言葉である。

保守主義の家族観

したがって、家長の権威を強化し女性に従属的地位をしいるというかぎりでは、イギリスの上流階級とフランスの小生産者層は、つまりバークとルソーは、同様な傾向をもっていたといえよう。しかしバークは、家族に関するルソーの思想をはげしく非難する。とくに、フランス革命が開始され、その進展におどろいたバークは、ルソーの民主主義、フランスの革命政府の政策を、家族制度を破壊し社会の転覆をはかるものだと攻撃する。

フランスで離婚が合法化された時(離婚の自由は一七九二年に成立し、一八一六年にふたたび廃止された)、バークは、これこそキリスト教に反する売春行為だといった。女性は、生涯男性の保護監督の下におかれており、またおかれるべきであって、女性たちがこれに反する意志をもったり、男性の保護から脱出しようとしたりすることは、かの女自身の不名誉であり不利益であるばかりか、社会全体を混乱におとしいれるにちがいない。バークにとって重要なことは、古い家柄を尊重し継続させることであり、これをくずすような思想も行為も、きわめて危険だということになる。したがって、自由恋愛などは、反社会的、反道徳的行為とみなされ、結婚には、当事者の意志ではなく、親の意志が「本人の利益」という名目で優先する。

バークのルソー批判のひとつは、階級をこえた恋愛や結婚におかれていた。もっとも、ルソー自身が、自由恋愛の唱道者であったとはいえないが、ルソーの『新エロイーズ』は、下層階級の男性が、上流社会の女性を誘惑して階級差を消滅させる目的をもってかかれたものだと、バークは考える。この本の影響によって、フランス一流の家庭の女性たちは、ダンスの教師、ヴァイオリンひき、理髪師、給仕といった、身分の低い男性のえじきになり、上流階級が家庭の内部から腐敗させられ、社会秩序がくつがえされるのだという。だから、既存の支配関係を維持するには、支配階級の家族制度を防衛する必要があり、とくに女性の純潔を守るべきだ、ということになる。

家族と国家の関係もまた、ルソーとバークの対立点のひとつである。バークによれば、自分の身近な領域に愛情をもつことこそ、その愛情を社会全体に広げていく原点になる。人間は、まず家族に属し、それから小集団、階級、社会へとつながりをもつのだから、家族的愛情による人間の結合が、社会的結合の出発点でなければならない。ところが、バークのみるところでは、ルソーは、家族というもっとも自然的なきずなを無視して、各人を直接に社会や国家につなげてしまったのだ。親子や夫婦の関係よりも社会契約による市民的結合を重視し、家族の愛情よりも人権や自由を尊重し、その結果、家族の廃虚の上に非人間的な民主政治を建設することになった。

ルソーにたいするバークのこのような批判が、妥当なものでないことは、まえにのべたことからあきらかであろう。ルソーは、家族制度を破壊するどころか、逆にそれを強化し、家父長的家族の基礎の上に民主国家をつくろうとした。同じ家父長制を擁護する立場でも、バークのように旧来の支配権を維持するばあいと、ルソーやフランス革命期のかれの継承者たちのように、小生産者の国家をつくりだそうというばあいとでは、真向から対立する。家父長制は、性的抑圧の組織であると同時に階級的組織であり、それぞれの階級がそれぞれの家父長制をもつ。家父長制は、単一の組織ではなく、さまざまな変種をもち、それらが時には結合し時には対立し、やがて支配階級の家族制度に吸収される。事実、フランス革命の後には、家長の権威が弱まるどころかかえって強化され、バークの家族観もルソーの家族観も、ブルジョワ社会の家族制度の補強に利用されてしまうのであった。

Ⅲ　女性解放思想の成立

紡績工場で働く少女（1900 年頃）

フランス革命と女性解放思想

フランス革命は、絶対主義時代に形成された男性(市民階級)の解放の要求を実践にうつし、「人間は自由かつ権利において平等なものとして生まれた」という「人権宣言」(一七八九年)がしめすように、男性の解放を人類全体の解放だとして世界に宣言した。被抑圧者が自分の力で自分を解放したという実例、しかも解放されるのはすべての被抑圧者だという主張は、同じ立場にたつ女性を目ざめさせ、勇気づけ、かれらのあとをおわせることになった。自覚的な女性解放思想は、フランス革命の男性解放に触発されて成立する。このばあい、独自の解放思想も経験もプログラムももたない女性が、男性の解放思想のわくの中で考え、男性の解放の理論と実践を女性に適用しようとしたのは、むしろ当然であった。フランスでは、オランプ・ドゥ・グージュが、「人権宣言」をひきうつした「女性の権利宣言」を発表し、イギリスでは、ウルストンクラフトが、ロックから継承された合理主義を女性解放の理論的武器とし、ドイツでは、テオドール・ゴットリープ・フォン・ヒッペルが、カントの合理主義の影響をうけて女性解放論を書いている。革命運動でも、女性は男性と同様に結社をつくり、暴動をおこして意志表示をした。

ところが、女性解放の要求は、フランス革命ではみのらなかった。グージュは処刑され、ウルストンクラフトは挫折し、ヒッペルの思想は、その後十分に展開されることはなかった。女性の革命運動は、ロベスピエール独裁の成立とともに弾圧されてしまった。このことは、フランス革命の解放の原理が、人類全体を解放するというたてまえをとりながら、実際にはそれほどの普遍性をもたなかったことを物語っている。まず、革命は、女性ばかりでなく男性さえも、そのすべてを解放したのではなかった。「人権宣言」は、一方で人間の平等性を説くけれども、他方では所有権をおかすことのできない神聖な権利だと主張して、所有しない人間を事実上解放の主体から排除してしまった。一七九一年の憲法では、人びとは国家への財政的貢献度(納税額)に応じて、選挙権をもつ能動市民と、それをもたない受動市民とにわけられてしまう。しかも能動市民の権利は、選挙人を選出する権利なのであって、かれらもまた、財産に応じて、直接議員を選出する権利をもつ市民とそれをもたない市民とにわけられ、完全な政治的権利をもつ市民は、成年男子中一割にもみたなかった。非所有者あるいは小所有者は、完全な意味での市民ではないという理由で、おおくの男性が市民の資格をうばわれるのだから、大部分がそれにふくまれる女性は、同じ理由によって市民的権利から排除されることになる。

しかし、女性に市民的権利があたえられなかったのは、非所有者であるという理由だけではなく、女性であるという理由によるのであった。革命は、身分や貧富の差別とはちがって、人間の力ではのりこえることのできない性の差別を、人間差別の障壁として導入し、制度化したのである。

しばしばあやまって理解されているように、女性は、遠い過去から二十世紀にいたるまで継続して、政治への参加を拒否されてきたのではない。フランスのばあい、三部会の開設された一三〇二年以来、貴族階級の一部の女性や高位の尼僧たちは、代表者を選出する権利をもっていたのであって、革命の直前、三部会が一七五年ぶりに召集された時にも、かの女たちはそれを行使した。けれども、革命が開始され、三部会が消滅して国民議会がそれにとってかわると、身分的特権と結びついていた旧来の女性の政治的権利が消失しただけでなく、あたらしい権力の構成員からも、女性はのぞかれてしまった。一七九一年憲法では、市民は、「フランス人の父親からフランスで生まれた男性」と規定されており、身分的差別が撤廃されて選挙権が拡大されたかわりに(すでにのべたように財産上の資格制限は課せられた)、性差別がもちこまれたのであった。

イギリスでも事情は同じで、中世以来、特権階級の女性は、政治的権利を享受していた。女性には政治的権利をあたえるべきでないという問題が提起されたのは、十七世紀の市民革命の時期であり、議会が、参政権を男性に限定すると決定したのは、一八三二年の選挙法改正の時であった。これ以後間もなく開始される婦人参政権の要求には、あたらしい権利の獲得という主張だけでなく、うしなわれた権利の回復という主張もふくまれていた。

納税額による制限選挙にたいしては、当然のことながら、小市民階級からのはげしい抵抗があった。封建的支配関係の廃棄という市民革命の歴史的課題を遂行するには、市民階級だけでなく、小市民階級をふくむ幅広い階層の結集が必要であり、またそうすることによってのみフランス革命は実現したのだが、封建制廃止後に成立する社会の構想については、これらふたつの階級の利害はするどく対立する。市民階級は、権力を富裕な少数の手におさめて、封建的搾取にかわる資本主義的搾取関係を確立しようとした。一七九一年憲法は、市民階級の要求の集約であったとみることができよう。これにたいし、小市民階級は、いずれの搾取にも反対し、参政権を広範な層におしひろげ、平等な小生産者の民主的社会を建設しようとした。革命の過程で展開される権力闘争は、基本的にはこれらふたつの階級の抗争であり、革命の頂点をなすジャコバン独裁は、内外の反革命勢力の脅威から革命フランスを防衛するために樹立された、小市民の一時的な政権であった。

このように、貧富の差(階級的差別)がもたらす政治的差別についてははげしい闘争がくりひろげられたのにくらべて、男女の性的差異がもたらすそれについては、革命の主要な問題にならなかったし、指導者のおおきな関心をひくこともなかった。一七九一年憲法より参政権を拡大した一七九三年のジロンド憲法、さらに民主的だといわれるモンターニュ憲法においても、それぞれ、市民は、一年以上フランスに居住する二十一歳以上の男性とか、フランスに生まれフランスに居住する二十一歳以上の男性とか規定されており、婦人参政権は無視された。小市民階級をふくめて市民階級は、女性を政治の主体から排除することを当然と考えたのである。というより、小市民階級の方が強く性差別に固執した。かれらは、財産による政治的権利の制限には反対したけれども、所有権そのものを否定したのではなく、むしろ所有権を不可侵の権利とみて、すべての男性が、小所有者になる社会、つまり家族を生産および消費の単位とする小経営体の長になる社会を理想とした。この経営体の統一性を保ちこれを永続していくには、家長から独立した意志や独立した政治的権利を女性がもつことは、好ましくない。かれらにとって、封建的抑圧から男性を解放するということは、男性に家長の地位を保障することであり、それは女性をかれの支配下におくことなのである。こうした小市民階級の家父長的家族の理念は、市民階級の家族の理念と原則的には対立するものではなかったから、革命によって封建的権力はくずれたが、家父長的権威はくずれることなく、逆にそれを足場にして、あたらしい市民的権力が樹立されたのである。

フランス革命の人間解放は、たてまえとしては人類全体を対象としながら、実際には女性従属の上にたつ男性の解放にすぎなかった。したがって、革命の解放の理論を援用することにより、女性解放の要求はひとつの思想に結実したとはいえ、要求を実現するための社会的条件はあたえられていなかった。女性が男性と同等の権利義務をもつ市民の地位を手にいれようとしても、家父長制という、そしてそれにささえられた市民社会という、巨大な壁がたちふさがっていた。フランス革命期の女性解放思想の成果は、この壁の発見であり、挫折はこの壁のまえでの敗北であった。革命の終結者ナポレオンによって、この壁はさらに強化されることになる。

革命とサロン

フランス革命の舞台に、女性はさまざまな姿をして登場した。パンをもとめて示威行進をした市場の女や主婦たち、祖国を救済するためだと信じてジャコバン派の指導者マラーを刺殺したシャルロット・コルデ、反革命容疑者の裁判や処刑の場面におしかけ、叫声をあげて効果をたかめた街の女たち、「女性の権利宣言」をかかげたグージュ、革命の指導者の背後にあってかれらの行動に影響をあたえた社交界の貴婦人たち、派手な服装で民衆を扇動したテロワーニュ・メリクール、「理性の祭典」、「最高存在の祭典」など革命政府が演出した祭典で、女神を演じたり行列に参加した女性たち、夫や息子を祖国防衛戦争におくりだし、かれらのために衣服をつくったり医療品をととのえたりしたたくさんの女性たち――かの女たちの行動は決して一様ではないし、女性解放という観点からのみ処理することはできない。ただ共通な現象としては、その行動が革命を促進する力となるか革命的派閥の利益と結びつくばあいには、革命勢力やそれぞれの派閥から容認され賞賛されたが、それをこえるばあいには、非難され否認されたということである。革命の過程でしめされた女性のエネルギーを、革命の指導者たちは無視したのではなく、それがかれらの意志に反して作用することを警戒しながら、有利に利用しようとした。しかし、女性独自の要求は、主として、かれらによって否認され、きりすてられる部分に属していた。女性の革命運動がばらばらで一貫性を欠いていたということは、かの女たちが男性を主体に展開される革命運動の、補助役をになわされ、女性としての課題にエネルギーを結集することができなかったからであった。

革命の経過を、一七八九年のバスチーユの攻略にはじまり、封建制の廃棄という事業を遂行しつつ展開された市民階級と小市民階級の権力闘争、共和制の樹立、ルイ十六世の処刑、小市民の政権ロベスピエール独裁の成立、テルミドール反動によるそれの崩壊とブルジョワ的な総裁政府の成立、ブリュメール十八日のナポレオンのクーデタでの終結とみてくると、女性が活躍した時期は、革命の上昇期、ロベスピエール独裁の成立までであった。一七九三年十月三十日、国民公会は、すべての女性のクラブと結社を閉鎖し、女性は政治活動に参加するべきではないという結論をだした。これ以後、女性の革命運動で注目すべきものはなくなった。

絶対主義時代に、開明貴族や市民階級上層のあいだでみられた女性の知的向上の要求と、小生産者階級における家父長制強化の要求というふたつの傾向は、革命にもちこまれ、これが、封建制からの人間(男性)の解放の要求と女性の解放の要求とのあいだに、ずれをうみだすことになる。つまり、革命の実質的な推進力となり民主主義を強力に主張する層が、女性の要求には反撥するのにたいして、旧秩序に近い層が、女性にたいして比較的寛容な態度をしめすのである。

婦人参政権をみとめよという主張は、封建制との対決を正面におしだすジャコバン派から生まれないで、むしろそれより妥協的なジロンド派の一部から生まれた。最後の啓蒙思想家といわれるコンドルセがそれである。かれは、革命が開始される前から、女性も選挙権と被選挙権の両方をもつべきだと書き、主著『人間精神進歩の歴史』(一七九五年)では、人類の知的進歩に欠くことのできない条件として、両性のあいだの不平等の除去をあげている。もっとも、コンドルセの婦人参政権の要求は、きびしい財産資格による制限を課したものであった。(かれは、これまで封建的特権の継承者にかぎられていた女性の政治的権利を、女性の地主にまで拡大しようとしたにすぎない)。しかし、フランスでは、その後一世紀半ものあいだ実現しなかった権利を、かれが革命の時期に主張したことは、注目されるべきであろう。

革命が開始されたからといって、これまで上流階級のあいだではなやかにくりひろげられていたサロンは、圧殺されてしまったわけではなく、あたらしい役割をになって、各所にひらかれた。すなわちサロンが革命勢力各派の拠点となり、そこでさしせまった政治問題が論じられ、さまざまな政治計画が練られた。たとえば、ロラン夫人のサロンからはジロンド派が生まれ、ロベール夫人のサロンには共和主義者が集まり、ジャンリ夫人のサロンはオルレアン派の中心となり、デュプレ夫人のソファーではロベスピエールとその仲間が国王批判を展開し、ボーアルネ夫人の客間は国民議会の前身のようなものだった、という調子である。こうしたことからわかるように、革命のはなばなしい抗争は男性だけでおこなわれたのではないのであって、女性は影の存在としてそれに参加した。革命初期の、はげしい、しかし微妙な政治の動向に、女性は隠然たる力をにぎっていたのである。

けれども、これらサロンの女主人たちは、男性とならんで政治の檜舞台に立とうとはしなかった。ジャコバン派のダントンから、「ジロンド派はなぜ男性を指導者にしないのか」と皮肉られたほど同派に勢力をもっていたロラン夫人でさえ、「前面にでるのは女性のモラルに反しますす」といい、ロベール夫人は、「女性の家庭での義務が、行政上の職務につくのを禁じるのです」と説明した。また、ナポレオンとその妻ジョゼフィーヌの出会いの場となったサロンの主催者、タリアン夫人は、「男性のコンパニオンは男性の競争者になるべきではありません」といった。

教養もあり政治的手腕にもすぐれた女性たちが、その能力を社会にむかって公然と発揮しようとせず、男性の背後にあって、男性を通して政治に影響をあたえたということは、単に旧来の慣習や道徳が、かの女たちの行動を制約したというだけではない。かの女たちが能力をしめすには、父親や夫の家柄、社会的地位が必要なのであった。こうしたわくぐみの中でのみ活躍することができたのだから、かの女たちは、自分をもふくめた全女性の状態に、批判の目をむけようとはしなかった。したがって、かの女たちの演じた役割は、男性政治家の行動を左右したようにみえるけれども、結局は男性の演じた革命劇の脇役にすぎなかったといえよう。「ジロンド派の女王」とよばれたロラン夫人は、ジロンド派とジャコバン派の抗争のなかで、「自由よ、汝の名で何とおおくの犯罪がおこなわれていることか」という言葉をのこして処刑された。

革命の中の女性たち

女性の権利を確立しようという要求は、社交界の女性からでなく、もっと低い階級の女性からうまれた。「女性の権利宣言」をかいたグージュは、肉屋の娘で、料理人とのあいだに男の子が生まれたと伝えられているし、一七八九年十月五日、六日のヴェルサイユへの女性の行進を指揮した(本人はその事実を否定)といわれるメリクールは、中農出身で、幼い時に母親と死別し、苦しい生活を送ったという経歴の持主である。また、過激派《アンラージェ》のひとりとして活躍したローズ(別名クレール)・ラコンブは、地方の劇場の女優であった。かの女たちは、知恵と才能と、時には美貌を利用して、自力で社会にでてきたのであり、それだからこそ女性のおかれた現状を、大たんに批判することができた。

このように、女性を解放し女性の権利を強力に要求する声は、小市民階級の女性からでたのであった。しかし、同じ階級の男性は、男性の解放、男性の権利についてはもっとも強力な主張者なのに、女性の要求については、好意をもたなかった。有名なジャコバン・クラブでは、女性の参加にだけチケットが必要とされ、女性は男性会員と同席を許されなかった。ある男性会員が自分のボックスに三人の女性をさそいいれたため、はげしい非難を買ったという話がある。また、女性が独自のクラブを結成することも、非難の対象となった。メリクールが下層階級の女性を組織しようとした時、男性たちは、かの女が主婦をそそのかして家庭の義務をおこたらせ、街中を混乱におとしいれようとしていると攻撃した。一七九〇年、国民議会にたいし、メリクールが女性の発言を要求した際に、ジャコバン派のひとりカミーユ・デムーランは、女性が国家の防衛に奉仕するのを禁じる理由はないのだが、国家の問題に関与することは容認できないと回答した。革命に協力するのはよいけれども独自の要求をもってはいけないというのである。

革命の推進力となった階級の男性が、女性の市民権の要求に抵抗をしめしたのは、それが男性の権威をおびやかし、家父長的家族の破壊をもたらすかもしれないという危惧を、かれらがいだいたからであった。問題を参政権に限定すれば、かれらの心配は杞憂にすぎないことを、その後の歴史は立証している。婦人参政権の実現したどの国でも、そのために家庭における男性の権威がくつがえされたところはなかった。

グージュの「女性の権利宣言」の基調は、革命が男性に保証した形式的権利を、そのまま女性にも保証するべきだという主張である。前文には、「母親、娘、姉妹、すなわち国民の女性代表者たちは、国民議会の構成員になることを要求する。女性の権利への無知、忘却、軽蔑が、公共の不幸と統治の腐敗の諸原因にほかならないことを考えて、女性のゆずりわたすことのできない、神聖な自然権を、厳粛な宣言として提示する」とかかれ、さらに「第一条、女性は自由なものとして生まれ、権利において男性と平等である」、「第二条、あらゆる政治的結合の目的は、女性と男性の自然な、時効にかかることのない権利を保全することである」となっている。こうした文章をみるかぎり、「人権宣言」の文章をひきうつして、人間(男性《オム》)のかわりに女性《ファム》を書きいれたにすぎないということができるだろう。有名な第十条「女性は断頭台にのぼる権利をもつのだから、演壇上にものぼる権利をもつべきである」という規定も、男性のもつ市民的権利を、女性がもたない不都合さを告発しているのである。

けれども、「女性の権利宣言」のなかには、「人権宣言」のわくの中にはとどまらない権利も要求されている。第十一条では、「思想および意見の自由な伝達が女性のもっとも貴重な権利のひとつなのは、この自由が、父親と子供の嫡出関係を確認するからである。すべての女性市民は、自分が貴方の子供の母親であると、自由に発表することができる」という。つまり、親子関係確認の権利は女性の権利だというのである。もしこの権利が確立されるとすれば、家長は自分の子供以外の人間とも親子関係を結ばなければならないばあいもあり、これまでの家長の権利は、おびやかされることになる。

グージュはこの問題をさらに発展させ、「男性と女性の社会契約の形式」という小論のなかでは、結婚契約をつぎのように説明する。結婚契約の当事者は、財産を共有にし、その財産の一部を、どのような関係から生まれた子供であろうと、かれらの子供のために保留する。子供は、かれを認知した父親、母親の姓を名のる権利をもつ。離婚にあたっては、子供のとり分をのぞいて、財産は双方で分割する。——グージュのみるところ、女性が完全な市民権をもつためには、ひとつには、男性と同等の財産権を握ることが、もうひとつは、性の自由を保証し親子関係の実体そのままを確認することが、必要であった。こうした主張が、私有財産は家長に帰属し、かれの血をわけた男系嫡出子によって相続されるというこれまでの家族制度をくつがえすばかりか、財産権の基礎は労働であり、労働を投下した者がその成果にたいして排他的権利をもつという市民社会の原理を否定するものであることは、あきらかだろう。「人権宣言」がこのような財産権を中核とする基本的人権の保証であり、人権を女性に適用しようとすればそれをささえる原理を破壊しなければならないことを、グージュは直観的ではあったとしても、認識していたのである。

したがって、グージュの主張が、家父長的家族に固執する小市民階級の男性にうけいれられなかったのは、当然であったし、かの女自身、この階級におおくの期待をよせなかった。女性の権利について徹底した要求をするグージュは、政治にたいしては動揺をしめしながら、保守的態度をとった。革命の初期、かの女は王党派を支持して共和派を攻撃したが、国王の国外逃亡計画があかるみにでるや共和派に転向し、国王の死刑宣告が報じられるとふたたび王党派になり、国王の弁護を買ってでたほどであった。「女性の権利宣言」も、王妃マリ・アントワネットに提出されたものであった。かの女は、本名をマリ・グーズといいながら、母親の名前をとってオランプ・ドゥ・グージュと名のったのは、貴族出身者であると自称したかったからだといわれる。メリクールが、アンヌ＝ジョゼフ・テロワーニュという本名の、姓を名前とし、出身地マルクール（ルクセンブルクの村）を姓にしているのも、同様な事情によるとされている。かの女たちが、自分の出身階級をこえ、上流階級をめざしたことを、地位と名声とよりよい生活へのあこがれとみることはできよう。けれども、上流階級が女性の権利の主張に比較的寛大であったのにたいし、かの女たちと同じ階級の男性がそれにたいしてきびしかったという事情を考慮にいれなければならない。

メリクールが女性の暴力集団から暴行をうけて精神異常をきたし、グージュが筆禍で処刑されたあと、女性の革命運動の最後の場面は、過激派《アンラージェ》のラコンブが活躍した。会員四千人をこえるといわれた「革命的女性市民クラブ」の指導者であったかの女は、上流階級に期待をよせなかった。グージュやメリクールが女性の市民的権利に固執したのにたいし、かの女の主要関心事は女性の生活権の擁護におかれていた。革命による急激なインフレーションと食糧難の被害を真向からうけた、大都会の下積みの女性たちにとって、目前の問題は、形式的権利ではなく、日々のパンをどうやって手にいれるかということであった。

この時期のフランスは、内外の反革命勢力の脅威をうけて、危機的状況のなかにあった。イギリスを中心に対仏同盟が結成され、対外戦争は重大な事態をむかえ、国内ではヴァンデ地方に反乱が発生した。この危機をのりきるために、ロベスピエール独裁が成立したのである。ロベスピエールは、封建的諸権利の無償廃止、反革命容疑者への弾圧などの政策を通じて、革命のエネルギーを提供してきた小市民階級を革命政府の基礎にくみいれつつ、革命の過程で上昇してきた経済的実力者、市民階級とも妥協しつつ、この事態をきりぬけようとした。しかし、こうしたふたつの階級を足場にした政権は、いずれの側からも攻撃をうけることになり、そこでかれは憲法の施行を停止し、独裁を強化しなければならなかった。とくに、生活にあえぐ都市の下層階級の直接行動は、独裁政権の基礎をおびやかしたので、かれは民衆運動を弾圧し、その指導者たちを粛清していった。ラコンブのロベスピエール政権への批判と、かの女の指導する女性の運動への弾圧は、革命のこのような段階でおこなわれたものであった。

ラコンブは国民公会にたいし、緊迫した内外の情勢のなかで、貧しい国民が生活に苦しみながら愛国的行動をしているのに、他方では飽食している富裕な階級、貴族階級があることをはげしく非難し、憲法の即時実施と貴族の追放を要求する一方、下層階級の生活保障のために労役場の設立を提唱した。だが、このいずれも国民公会から無視されただけでなく、ラコンブのクラブは解散させられ、女性の政治活動は禁止された。

女性の政治活動を禁止する理由を、恐怖政治推進者のひとりアマールはこう説明する。政治に参加する人間にはすべて冷静さが必要であるが、女性にはその能力が欠けているから、政治集会で討論に参加することも、政治決定にあたって票決権をもつことも、適当でない。女性が国家へ奉仕する最上の道は、直接の参加ではなく、子供を教育し夫に影響をあたえて、かれらを愛国者にすることなのである。ジャコバン派の中でシャリエだけが、女性も人間である以上集会の権利を剥奪すべきではないと反対したけれども、こうした原則論は、本来女性の政治活動を好ましくないと思っていたかれらのあいだでは、無力であった。

女性の結社をふくめ、下からの民衆運動を弾圧してしまったロベスピエールは、そのために小市民の支持をうしない、革命を通じて経済的実力者となった市民階級の勢力により、打倒されることになった。テルミドール反動後の社会では、ロベスピエール独裁下で統制されていた物価が急激に上昇して民衆の生活を極度においつめていった反面、上層階級ではぜいたくな生活が復活し、それにともなって社交界の女性がふたたびはなやかに登場した。けれども、この時期の典型的女性は、グージュやメリクールやラコンブの革命的情熱はもちろん、ロラン夫人の政治力ももはやもたない、無責任で無能な、流行を追い、ただ男性の快楽の対象となるような女性であった。そして、そのほかの大多数の女性は、革命前と大差のない、抑圧的家族制度の中で生活を続けた。

革命によって封建的支配はくずれ去ったけれども、女性にたいする抑圧は基本的には変わらなかった。だが、ここで注目すべきことは、封建的支配とかたく結びついていたカトリックの支配が弱まったことから発生した変化である。そのひとつは、従来、僧侶ににぎられていた教育が世俗化され、私教育から公教育への切かえが主張されたのに対応して、女性教育もその影響をうけるようになったことである。もうひとつは、結婚が教会の手からはなれ、民事契約とされ、これまで禁じられていた離婚が合法化したことである。しかし、革命の過程でタレイランなど何人かによって提案された教育改革のおおくは、男女のあいだに明確な格差をもうけ、女性には主婦としての実用教育が課せられるという内容のものであったし、革命が終わりナポレオンの帝政をへて王政復古をむかえると、女性教育にはふたたび僧侶が介入するようになった。離婚のばあいも同様で、一七九二年に離婚の自由が成立し姦通罪が廃止されたけれども、姦通罪は一八一〇年に、離婚の禁止は一八一六年に、復活した。こうした反動化の基礎には、革命によって広範に成立した分割地農民の保守的意識がよこたわっていることを見落すことはできない。かれらは、反封建闘争の推進力であり、また革命による受益者であったが、かれらの存在がフランス資本主義の発展にとっても、女性の家父長的家族からの解放にとっても障害となった。十九世紀のフランスでは、女性解放、家族制度の問題が、資本主義の展開、生産力の上昇の問題とのつながりにおいて、論じられることになる。

産業革命と女性

フランスでルソーが独立小生産者の民主的共和国を構想し、その思想を継承してフランス革命では分割地農民がつくりだされている時に、ドーヴァー海峡をへだてたイギリスでは、産業革命が進行し、小生産者の大部分は決定的没落に見舞われつつあった。フランス革命のような劇的場面はみられなかったかわりに、産業革命は、ゆるやかだが巨大な社会構造の変革をもたらし、女性の生活にもいちじるしい変化をあたえた。イギリスの女性解放思想は、直接にはフランス革命に刺戟されて成立したけれども、それをうみだした基盤は、産業革命によるこの変化であった。

あたらしい農業技術の導入、土地のかこいこみにより、農村における階級分化はおしすすめられ、機械の発明、蒸気機関の利用などにより、これまで生産の単位であり消費の単位であった家庭の機能は変質し、生産が家庭外で大規模におこなわれるようになった。その結果、女性たちは、これまでのように家庭内で生産活動に従事することができなくなったわけだが、このことは、ただちに女性の地位の低下を意味するものではなかった。

女性の社会的地位は、女性が生産活動に参加する程度だけで決定するのではないのであって、産業革命以前から、女性は農業や手工業、食糧品の加工や衣服の調達に従事してきたし、しばしば男性以上のはげしい労働に耐えてきたけれども、地位が高いわけではなかった。それは、これらの労働が主として家庭内で、家族を単位としておこなわれたために、かの女たちの労働の成果は、家長のものとみなされ、女性独自のものとされなかったからである。日雇労働者のおおくも同様で、妻や子供の労働は家長の労働にふくめられ、賃金もこみで家長に支払われた。

女性にとって、家庭内での生産活動が不可能になっても、そのかわりに社会的生産に従事し、それによって経済的自立がえられれば、抑圧的家族制度から脱却することができ、女性の地位は高くなるであろう。けれども、産業革命期には、女性にそうした条件はあたえられなかった。

産業革命を通して上昇する階級の女性は、男性の寄生者になっていき、没落する階級の女性は、自立できないほどの低賃金で働かなければならなかったのであり、どちらのばあいも、家族制度に依存しなければ生活していくことが困難であった。したがって、イギリスでは、小農民の家族がくずれても、家父長的家族が消滅することはなかった。

まず上昇していく階級をみると、農地をかこいこみ、あたらしい作物やあたらしい農業法をとりいれることのできた豊かな農業経営者の家族では、これまで家畜の飼育、酪農、使用人の監督にあけくれていたかれらの妻は、その仕事を次第に放棄していった。かの女たちの主要関心事は、もうチーズをつくったりそれを売りに出かけたりすることではなく、ぜいたくな生活をし、息子や娘に教育をあたえて上流階級の仲間いりをすることであった。訪問をし訪問をされ、社交界のための準備をすることが日常生活となっていった。

工業でも同じ傾向がみられた。あたらしい紡績や織布の機械を採用して大規模な生産をはじめた新興の工場主の家庭では、妻は生産にも経営にも参加することなく、消費生活にみがきをかけることに専ら心をつかった。家事と分離しがたく結びついていた工業が、家庭から社会の手にうつされると、この階級の女性たちは、重労働からまぬがれるとともに生産活動からもはなれていった。事業は女性の関与しない男性の仕事となって、一家に収入をもたらす男性の地位は、いっそう強固になった。女性にとってゆたかな生活を保証するものは、よりよい階級の男性との結婚だけになってしまい、結婚に女性の生活全体がかけられることになった。物質生活の向上と裏腹に、依存者の生活を女性はえらばなければならなかった。もっとも、あとでのべるように、この階級の中から、無意味な生活にあきたらなくなった女性たちは、不満のはけ口を博愛主義運動にみいだすことになる。

産業革命によって上昇した階級は全体からみれば少数であって、大多数は没落の運命をたどった。農業の技術革新にたちおくれた中農、小農、かこいこみによって入会権をうばわれた貧農は、富農層が繁栄するのに反比例して生活が苦しくなった。従前通りの生産方法をかえることのできなかった中、小農は、上昇する階級の生産力と対抗できず、土地を手ばなすはめにおいやられ、わずかな土地や入会権でようやく生活をささえていた貧農階級は、最低生活の手段さえうしなっていった。家族が生産の単位でなくなったことは、富裕な階級の女性にとっては消費生活に専念することであったけれども、没落階級の女性にとっては、生きる道をたたれることを意味した。かの女たちは、これまでのように自分の家のまわりのわずかな地面をたがやしたり、共有地で家畜を飼ったりして家計のたしにすることはできなくなった。

十八世紀後半の物価の異常な高騰がこの状態をさらに悪化させた。下層階級の手にする収入はもはや生活費においつかず、家長に依存して生活することのできなくなった女性は、破滅においやられた。当時の教区の記録をみると、女性、とくに未亡人、遺棄された妻、未婚の母という家族から脱落した女性の、死亡率、浮浪者数がきわめて高くなっている。賃労働にありついた女性のばあいでも、女性労働は家計補助的賃金しか支払われなかったために、自分ひとりの生活をささえるのさえ困難であった。農村をおわれた女性は大都会へながれこみ、犯罪と疾病の温床の中にはいっていった。当時急激にふえたロンドンの売春婦のおおくが、前身は農村の家内労働者であったことがこれを物語っている。売春の増加とならんで、女性の餓死者、自殺者もふえていった。

抑圧的なものであったにしろ、家族員の生活を保証してきた家族制度がその機能を果しえなくなった時の女性の状態は、封建社会から近代社会への移行の過程で、共同体の崩壊に直面した農民の状態に、にたものがあった。共同体の解体は、農民にとって、一面では古い支配からの解放であったけれども、他面では、富を蓄積して上昇していく少数をのぞいて、土地をうばわれ生活の基盤をうしなうことでもあった。こうした二面性をもつ共同体の崩壊にたいして、資本主義の波にのれなかった農民、波にのっても途中から脱落した農民は、搾取の機構としての共同体には反対の姿勢をとりながら、封建的収奪、資本主義的収奪に抵抗する組織としての共同体を、現実にまた観念のなかでつくりあげようと努力した。家父長的家族の崩壊に直面した女性も、同様に、解放と生活の危機の両方を経験したのである。しかし、女性の立場が農民の立場とちがうところは、女性たちは、既存の家族制度に満足していなかったにしろ、ほとんどすべてが家族制度を肯定し、それにすがって生きようとしたことであった。

というのは、農民にあっては、労働の成果である財産の自由な蓄積と自由な使用のために、共同体は桎梏と感じられ、かれらはそれを内部から破壊しようとしたのだし、共同体が崩壊したあとには、かれらの中からあたらしい資本主義社会のにない手があらわれてきた。だが女性のばあいには事情がちがっていた。家族制度の危機は内部の力によるのではなく外側からもたらされ、家族制度からはみだした女性は、家族とはなれて自力で生活するのがまず困難であった。そのうえ、家族制度の危機はすべての階級に同じようにおきたのではなく、上昇していく階級にあっては、前述のように、家族は経済力を足場として逆に強化されたのである。目前にゆたかで安定した家庭生活をみた没落階級の女性たちが、それにあこがれたのは当然であって、生活状態こそちがえ、意識の面では上昇する階級のあとをおい、労働からのがれる生活を約束する結婚に、期待をかけた。財産に最高の価値をおいたいわゆる「ブルジョワ的家族観」、「ブルジョワ的結婚観」が、ブルジョワ階級だけでなく、社会の頂点から底辺にいたる女性の、意識を支配してしまう。農業に基礎をおく家父長的家族とは異質だが、やはり家長権を中心とする家族制度が成立する基盤は、ここにあった。

けれども、すべての女性がこうした家族や結婚をおいもとめたわけではない。とくに、没落していく中流の家庭に生まれ、革新的な思想の洗礼をうける機会にめぐまれた女性の中には、依存の生活をたちきって自立しようという芽ばえがあった。つぎにのべるウルストンクラフトはその一例である。フランスとはちがった社会的背景のもとに、イギリスの女性解放思想は形成される。かの女の理想は、やがて資本主義の巨大な波におしつぶされてはしまうものの、そこに提起された問題は、その後の女性解放思想にさまざまなかたちで継承されていく。

合理主義と女性

グージュが、フランス革命の「人権宣言」をつかって「女性の権利宣言」をかいたように、ウルストンクラフトは、ロック以来のイギリス合理主義を利用して、女性解放論をつくりあげた。かの女は、男女差別、女性の従属状態の原因を、女性にたいする社会的偏見と、教育の欠陥にもとづく女性の無知にあると考え、これまでの女性観を批判すると同時に、「理性による女性教育」を通して、女性の自立を実現しようとした。女性の解放は、男性の解放の道を追うことによって可能なのだと、かの女は考えていたのである。

ウルストンクラフトの主著『女性の権利の擁護』(一七九二年)は、直接には、フランス革命で提案されたタレイランの教育計画が、女性を差別していることへの批判としてかかれた。理性の時代の開幕とおもわれたフランス革命でも、なお女性が低く位置づけられているのは、合理主義の不徹底だとみて、かの女は抗議をしたのである。この本で、かの女はまず、革命の指導原理となったルソーの理論が、平等主義から出発しながら、それを徹底していない矛盾を指摘する。

ルソーは、『人間不平等起原論』において、年齢、健康、体力、精神力からくる自然的不平等と、富や権勢からうまれる社会的政治的不平等の二種があることをみとめ、自然的不平等をとりのぞくことはできないとしても、それが社会的政治的不平等の根拠になってはならないと説いた。力による支配は、民主主義と相いれない専制政治である。人間一般に通用するとされているルソーのこの論理を、男性と女性との関係に適用すれば、男女間の社会的差別が不合理であることは、反論の余地がない。ウルストンクラフトによれば、体力の点では、一般に女性が男性より劣っていることはみとめられるとしても、現在では、体力は人間の価値を決定する要因ではなくなってきている。体力は、男性のあいだでは重視されなくなったのだから、男女のあいだでも問題ではないはずなのに、現実には逆にそれが強調され、女性蔑視の原因をつくりだしているのは、不合理といわなければならない。そのうえ体力的におとる女性は、理性においてもおとるとされ、男性と同じ独立の人格としてではなく、男性に服従する人間とみなされているのである。

ウルストンクラフトによるこのようなルソー批判は、ルソーの理論の矛盾をつくと同時に、市民社会の矛盾をつくものであった。自由・平等・独立の個人によって構成されると考えられている市民社会が、性差別のうえに、つまり女性の従属を前提とする家族制度のうえにのみ成立するというこの不合理を、ルソーをふくむ近代民主主義の思想家たちは、市民社会の本質的問題としてとりあげようとはしなかった。性差別は、市民社会に根ざしており、市民社会のわくの中では基本的には解決しえない問題であった。しかしウルストンクラフトは、これを、近代の人間解放の理論の不徹底とみて、この理論をさらにおしすすめれば女性解放を実現しうると考えた。

ルソーが小生産者層を人間解放のにない手としたように、ウルストンクラフトは、女性解放の主体を中産階級(小生産者層)の女性にもとめて、つぎのようにいう。「わたくしが確信をもった調子で同性に語りかける時、中産階級の女性をとくに念頭においているのである。なぜなら、かの女たちがもっとも自然の状態にいるとおもわれるからである」。ルソーが小生産者に期待をかけたのは、かれらの中に封建的支配にも資本主義的搾取にも抵抗する自由・独立の個人をみいだしたからであり、歴史に先行する自然状態を設定したのは、自由・独立の生活の原型をえがきだそうとしたからであった。ウルストンクラフトは、ルソーが男性に限定した自由・独立の人間類型を女性にまでおしひろげようとして、まず同じ階級の女性に注目する。

けれども、ルソーの男性とウルストンクラフトの女性とは、本質的相違があった。ルソー的男性が自由・独立だというのは、かれが家族を単位とする経営体の長であり、他の男性に依存せず自分の労働で生活しうる実力をもっていたからであるのにたいし、同じ階級に属していても、女性にはその資格が欠けているのだ。女性は、家長を頂点とする家族制度の中でのみ生活を保証されていたのであって、かの女が実際にはどれほどおおくの労働をしたとしても、自力で生計を維持するのはきわめて困難であった。性差別は、家長中心の家族制度と、さらにはそのうえに成立する市民社会と、不可分の関係におかれているのに、ウルストンクラフトは、男女の差別の原因を制度にもとめないで、自由・独立の精神の有無にもとめる。

中産階級(小生産者)の男性の徳性とされている自由・独立の精神は、かれらの経済的自立性に裏づけられている。ところが、ウルストンクラフトは原因と結果とを転倒させて、女性が社会的に独立の人間とみとめられないのは、精神的自立性を欠いているからだと考え、女性の性格を中産階級以外の階級、すなわち貴族、金持、貧民の性格とくらべて、両者の類似性を指摘する。貴族階級が地位と権威とを維持するためにとくに心がけることは、立居振舞を優雅にし、たえず他人から注目されることを意識して、下層階級ではえられない動作の美しさを身につけることである。貴族の性格がこうした儀礼の中でつくりあげられるように、いつも他人に迎合し、機嫌よく振舞うことを要求される女性は、万事自主的に判断する能力を欠いた人間になってしまう。富を追求する金持の性格は、美を追求する女性の性格とよくにており、どちらも労働を軽視して感覚的快楽にふける生活を送ることになり、貧民が無知であり道徳的に欠陥があるとされるのは、かれらが教育をうける機会にめぐまれなかったからであって、この点については、女性はまさに貧民と同じ状態におかれているのである。

女性の悪徳とされている性格が、貴族や金持や貧民のそれと同じだという指摘は、これらの階級が、自分の労働によって生活をささえず、社会の寄生者であるという点で女性と共通のものをもっていると、みることができよう。しかし、ウルストンクラフトは、女性とこれらの階級に共通のこの事実を直視しないで、女性の地位の改善を、もっぱら女性の道徳的改善にもとめる。(もっとも、女性の性格的欠陥の原因が、経済的依存にあることを認めたとしても、経済的自立の条件があたえられていない状況の下では、女性解放の展望はかえって閉ざされることになるにちがいない)。かの女によれば、女性の悪徳を助長しているのは、まちがった世論であり、世論を形成している女子教育論であって、ルソー、フォーダイス、グレゴリー、チェスタフィールドなどがその代表であるという。これらの著作に一貫してながれる思想は、男性には美徳とされる自由、独立、自主的判断といった原則が、女性には不必要であるばかりか悪徳でもあり、逆に、依存、迎合、従順が女性に欠くことのできない徳性だということである。ウルストンクラフトは、通説となっている女子教育論の非合理性を指摘して、こうした教育は女性を幸福にしないで不幸にするのだと主張する。

男女の性格は本質的に異なり、男性は理性にすぐれ、女性は感覚にすぐれているという通説にたいし、ウルストンクラフトは、理性も感覚も同一人物に属すものなのに、それを分離するのは不合理であり、分離はしばしば、女性の劣性を正当化する根拠としてつかわれると批判する。むしろ逆に、理性を覚醒することによって、女性の人格の独立、女性の経済的従属からの解放、結婚による性的従属からの解放、政治的従属からの解放が可能となると、かの女は主張する。現状では、女性が従事する職業はきわめてせまく、教師かあるいは過重な肉体労働ぐらいしかないが、もし女性に男性と同じ理性の教育があたえられるなら、あらゆる職業分野は女性にも開かれることになるであろう。また、女性が経済的に自立すれば、これまで女性を抑圧してきた結婚に関する法律、たとえば姦通罪などは無意味になるにちがいない。かの女によれば、姦通罪とは、「女性が自分の腕と頭とを働かせないで、生計を男性に依存している」かぎり必要な法律であって、実際には愛情のない結婚を合法化し、愛情にもとづく結婚を非合法化する手段にすぎないのだ。さらに、経済的独立は政治的権利の主張へと発展し、「わたくしは、女性が、政治の審議に直接参加することを許されずに専制的に支配されるのではなく、代議士をもつべきだと実際に考えている」というかの女の発言は、イギリスにおける婦人参政権の要求の第一声となった。

性差別の根源は女性の無知にあるのだから、女性が理性に目ざめれば男性におとるところはなく、さまざまな不平等もやがては解消されるにちがいないという『女性の権利の擁護』をつらぬく思想は、イギリス合理主義、フランス革命が背景にあってこそうまれてきた。理性が支配すれば古い不合理な秩序は崩壊し、合理的社会が成立するという市民革命の信条が、ウルストンクラフトに、女性解放への楽観的展望をあたえたのである。現実はかの女の予想通りには展開しなかったけれども、男性の解放の理論である合理主義をもちこむことによって、かの女は、女性のおかれた不合理な状況のさまざまな側面を、網羅的にひろいあげることができた。

女性の主体性の確立、経済的自立、教育の機会均等、社会的偏見の除去、法の前の平等、結婚における不平等の除去、職業選択の自由、政治的権利の保障、母性保護など、その後の歴史で、女性たちがおおくの困難にぶつかりながらかちとっていった、またかちとりつつある問題を、未分化、未整理ではあるとしても、提出したのである。この意味でも、ウルストンクラフトと『女性の権利の擁護』は、女性解放思想史のうえにかがやかしい名をとどめているといえよう。

ロマン主義と女性

『女性の権利の擁護』で理性による女性の改革を主張したウルストンクラフトは、この原則を最後までつらぬくことはできなかった。その後の作品には、理性にたいする全面的信頼はうすれ、感情を重視するロマン主義的色彩が濃厚にあらわれてくる。理性信仰から感情信仰へというかの女の思想的転換の背後には、ギルバート・イムリーとの結婚とその失敗という個人的体験が横たわっていた。没落中産階級に生まれたかの女は、独力で生活をきりひらき、ロンドンに出て文筆業で生計をたて、『女性の権利の擁護』の出版で一応の成功をおさめた。その後、革命フランスを見るためにパリにわたり、そこでアメリカ人イムリーと知り合って結婚したのであった。結婚が破局におわったことによって、かの女は、自分の判断力にたいする自信をうしなったのである。

しかし、当時、合理主義からロマン主義へという思想の変化は、かの女独自のものではなく、イギリス知識人のおおくが体験した、共通の現象であった。フランス革命が人間を解放し、合理的社会秩序を実現すると信じていたかれらは、国王の処刑、ロベスピエール独裁の成立と崩壊、それに続く政治的混乱という経過をみて、革命に失望し、革命をささえてきた合理主義にも疑惑の目をむけるようになる。一七九三、四年前後にみられた知識人たちの転向は、革命の推移を背景にうまれたのであり、ウルストンクラフトの思想の変化も、それのひとつと考えることができよう。ただかの女のばあいは、革命への挫折感と私生活上の挫折感とがかさなりあったという特殊事情があった。

理性から感情へ、理論崇拝から自然賛美へという変化を、現実に絶望したかの女の逃避だとみることはできる。けれども、理性の能力に限界を感じたかの女は、女性解放の要求そのものをすててしまったわけではなく、あらたにロマン主義の立場からそれを再構成しようとする。かの女の『遺稿集』に収録された未完の小説『女性の虐待』(一七八九年)は、ロマン主義へ移ったウルストンクラフトの女性解放思想をしる手がかりをあたえてくれる。この小説が『女性の権利の擁護』とおおきくちがうところは、『女性の権利の擁護』では、解放の主眼点が、理性の覚醒による徳性の向上、つまり女性の主体的努力におかれていたのにたいし、『女性の虐待』では、法律や習慣への非難にむけられている点である。このふたつの著作の変化の底には、女性が理性的になり徳をみがこうと努力しても、それだけではのりこえることのできないおおきな障害がよこたわっていて、それがあらゆる階級の女性を抑圧しているのだという、かの女の現実認識の変化があった。以前のかの女は、女性の無知や悪徳を、自己改革の努力が不足しているからだと一面的に非難してきたけれども、ここでは女性の自立をさまたげるものが、女性の側にあるというより社会の側にあることに気づきはじめたのである。かの女は、社会が女性に課している数かずの不正を、理論的に分析するのではなくて、小説という形式でえがきだし、読者のヒューマニズムにうったえたのである。

ウルストンクラフトのロマン主義は、社会批判にかぎってはいなかった。理性の能力に疑惑をいだくようになったかの女は、感覚、とくに、ゆたかなとぎすまされた感覚の能力に、人間改革の機能を、人間と人間との信頼をつなぐきずなを、みいだそうとする。イムリーの変心や、富裕な階級による収奪は、かれらが低俗な感覚のとりこになっていて、高尚な感覚を味わったことがないからである。理屈で教えられた学問にはうったえる力がないけれども、鋭い感受性をもつ詩人の詩は読者を感動させるように、人間を改革するには、理性ではなく感覚を高めるように刺戟することである。そして、高められた感覚からうまれた男女の愛情こそが、結婚、家庭生活をささえる土台なのだとかの女はいい、愛情に基礎をおくロマン主義的家族を、理想の家族形態と考えた。愛情にたいするかの女のこのような賛美の背後には、つぎにのべる無政府主義者ゴドウィンとの結婚生活の経験が横たわっていた。

ウルストンクラフトだけでなく、十八世紀末から十九世紀にかけてのロマン主義者たちがたたえた自由恋愛、愛情のみをきずなとする家族は、女性を子供を生む道具、家政婦、愛玩物、労働者、持参金所有者としかみなさなかった現実の家族制度にたいする痛烈な批判であった。性による差別を解消しようとする女性たちが、家族制度を女性にたいする抑圧の制度とみて、自由な愛情による結合の組織にくみかえようとしたのは、女性問題の本質にせまったものだといえよう。けれども、愛情だけにささえられるロマン主義的家族が言葉の真の意味で成立するには、女性の経済的自立が保障されるか、家族が経済生活の単位ではない社会が実現するかしなければならない。どちらの裏付けもないこの時代に、ロマン主義的家族観のたどった運命は、一方では道徳や秩序の破壊だと攻撃され、他方では金銭目あてのブルジョワ的結婚の俗物性をおおいかくす手段として、美化され利用されることであった。ウルストンクラフトの合理主義とロマン主義とは、どちらも、女性解放思想の栄光と敗北との両方をになっていた。

無政府主義と女性

家父長的家族への批判は、女性の側からだけでなく、男性の側からも提出された。自由と独立をもとめる近代思想をつきつめていけば、封建的・共同体的秩序だけでなくて、集団生活を強制する家族制度も問題にされるはずである。ウルストンクラフトの二度目の夫、無政府主義者ゴドウィンが、家族制度を個人の自由と独立を侵害する制度だと考え、それの全面的解体を主張するのは、近代思想のいわば必然的帰結であった。個人の解放をたてまえとしながらそれを家長に限定してしまった近代思想の限界をやぶって、ウルストンクラフトは女性の立場から、ゴドウィンは男性の立場から解放をおしすすめようとしたのであり、その結果両者は、家族制度の抑圧的性格、男女の性差別という共通の問題にぶつかることになった。したがって、女性解放思想史上、ウルストンクラフトの思想だけでなくゴドウィンの無政府主義思想も、近代の人間(男性)解放思想と女性解放思想の接点として、無視することのできない意味をもっている。しかし、家族解体論が家族制度にたいするもっともラディカルな批判であるとしても、家族解体後の社会での女性と子供の生活保障について十分な展望をもたない時には、空論におちいってしまう。近代思想の延長線上にうちたてようとしたかれの解放思想の限界が、ここにあった。

ゴドウィンは、主著『政治的正義の研究』(一七九三年)において、ルソーの人間解放の理論を継承しながら、ルソーの是認した国家、法律、家族制度を否定して、個人の自由と独立を確保しようとする。ルソーによれば、社会状態のなかで人間の自由と平等を保障するには、各人が私的利益を追求しつつ、しかも依存や不平等がうまれないように、それを全体の利益に一致させることであって、そのためには、人間の改革と社会の改革との両方が必要なのであった。ゴドウィンも、私的利益と全体の利益の一致が自由と平等の基礎であることをみとめるけれども、ルソーとちがって、それを個人の内部の問題に限定し、制度の問題にまで拡大しない。制度化されるとすれば強制であり、個人の自由と独立をおかすことになると、かれはいう。

ではゴドウィンは、対立するふたつの利益を、個人の内部でどうやって一致させるのか。かれは例をあげてそれを説明する。——フランスの高僧で不朽の著書『テレマックの冒険』(一六九三年)をかいたフェヌロンが、召使と一緒に生活していた時に、もし火事が発生して、ふたりのうちひとりだけ救済できるというばあいが発生したら、一体どちらをえらぶべきだろうか。人間は平等であり、だれでもが同じように生命を尊重される資格をもっていると一般には考えられている。しかし、社会への貢献度を考慮すれば、召使がたとえ自分の肉親や自分自身であっても、フェヌロンを救済すべきであり、それが正義にかなった行為なのである。――つまり、ここでいう召使とは私的利益の象徴であり、フェヌロンは全体の利益の象徴であって、ふたつの利益が衝突した時には、全体の利益を優先させなければならない。理性の力で自発的に、私的利益を全体の利益に従属させる人間、こうした人間がゴドウィンの無政府主義をささえる個人なのである。

各人がゴドウィン的人間に改革されれば、国家や家族は不必要になるとかれはいう。国家はどんなに民主的に組織されたとしても、国民に盲目的忠誠心を要求し、反対者を権力によっておさえるのだから、無知と欺瞞のうえに成立する抑圧の機関にほかならない。同じことは結婚制度や家族制度についてもいえることで、若い男女に生涯共同生活を義務づける結婚は、人格の独立にたいする侵害であり、血縁につながる人びとをとくに愛するようにおしえこむ家族制度は、利己主義の産物にすぎない。すべての人間が理性に目ざめ、全体の利益を念頭におき、博愛の原理にしたがって行動するようになれば、未知の人びとにたいしても、血縁や愛情でつながる人びとと同じ配慮をするであろうし、そうすれば人びとの行動を規制する外的組織は消滅するにちがいない。

ゴドウィンにとって、人間は、男性も女性も理性的存在でなければならない。その意味では両性はまったく平等なのである。男性も女性も自分の理性の命令にしたがって行動すべきであり、それをさまたげるような権威や習慣は破棄されるべきである。だから、これまで夫婦のあいだを規制してきた道徳、たとえば貞節、純潔、同居の義務などよりは、個人の理性的判断の方が優先することになる。かれは、男性も女性もひとりの人格者として認め、同性のあいだに成立する友情と、異性のあいだにうまれる恋愛感情とのあいだに、本質的区別をおかなかった。女性の人格的自立、家長的権威からの解放、男女の平等といった主張が、被抑圧者としての女性を解放するという自覚なしに、ここに展開される。

すべての社会矛盾は人間に内在する理性を働かせれば解決するという前提のうえに、ゴドウィンの無政府社会は成立する。かれは、ルソーやロック的意味での労働による所有＝私有財産をみとめず、財貨はすべて、社会的必要度に応じて各人が消費する権利をもつと考える。したがって、生産活動において女性が男性より劣るとしても、消費についてはそれが不利な条件とはならないし、女性の天職とされてきた出産、育児、家事などは、過重となれば、理性的人間からなる社会ではかならずだれかが引きうけることになる。

また、両性関係を規制する法律も習慣もないゴドウィン的社会では、人口過剰になやむことはない。かれによると、地球上には居住可能な土地がまだ十分にあまっているので、こうした危機は当分おこりそうにないけれども、もし地球がこれ以上人間を住まわせることができないほど人口が増加した時には、その時代の人間は、理性の命令にしたがって生殖をやめるにちがいない。この最後の問題については、マルサスが『人口論』(一七九八年)で、人間は食欲と性欲に支配されており、人口の増加は食糧の増産を上まわるといって批判した。しかしゴドウィンは、マルサスの説に反論し、楽観的主張をすてなかった。

近代的自我の危機と女性

ゴドウィンの無政府主義は、自由・平等をもとめるルソーの思想の延長線上に成立したものであった。しかし、ルソーが人間の自由・平等を追求しながら、家長的権威に固執するという矛盾をおかしたのは、かれが、家族を生産および消費の単位とする小農民に依拠していたからであった。これにたいして、すでに産業革命に突入していたイギリスのゴドウィンの時代には、中、小農民は土地をうしない、家族的結合は破壊されつつあり、ルソー的農民を理想化し、ルソー的農業共同体にもとづく国家を構想する、現実的基盤はうしなわれていた。産業革命による家族の破壊は、それ自体はあかるい展望をもたらす現象でなかったとしても、こうした歴史のながれは、家長的権威の崩壊、家族制度からの個人の解放にむかっていると信じこませる、一応の根拠をあたえた。

それにくわえて、フランスでの貴族の没落が、ゴドウィンをこの面にとくに注目させた。十八世紀末のイギリスでも、古い家柄をほこる貴族が支配的地位を維持し、家族制度の擁護によって利益をえていたのであり、かれらの存在が人間解放の障害であると、ゴドウィンは考えた。『政治的正義の研究』のなかで、かれが、結婚制度や家族制度を貴族政治の産物だと非難し、民主主義の精神が普及すればそれらは破壊され、父子関係を確認する必要もなくなるから姓も廃止されるだろうといったのは、家族制度が階級支配と緊密に結びついていることを、よみとっていたからであった。

このような無政府主義思想を、フランス革命を支持したイギリスの知識人、小市民たちは、熱狂的に歓迎した。ドーヴァー海峡をへだてた対岸のフランスで人間賛歌がうたわれている時に、人間があらゆる権威から解放され、自分の理性にしたがって行動するようになれば、調和ある社会が成立するであろうし、それが歴史の進路であると説いた『政治的正義の研究』は、かれらのあいだで真理の本としてむかえられ、論じられた。ところが、革命が退潮期にはいり、イギリス政府が反革命の姿勢をあきらかにするようになると、革命による人間解放への期待が幻想にすぎなかったという失望から、かれらはゴドウィンと『政治的正義の研究』とを、欺瞞だとして一せいに非難をはじめる。一時は教祖のように仰がれたゴドウィンも、四方から攻撃されるようになった。

フランスでルソーが、自由・独立の人間を、近代的自我の確立を説いた時には、その裏付けとして、絶対主義の支配をやぶって登場する独立自営農民が存在したけれども、産業革命の波におそわれたイギリスでは、近代的自我をになうべき小市民階級は決定的没落に見舞われ、フランスのように階級的足場をきずく力をうしなっていた。したがって、ゴドウィンの人間論がルソーの人間論の徹底であり、近代の人間解放思想の極限であるとしても、徹底化、極限化は、それをささえる階級の発展の結果ではなく、没落によってえられたものである。かれが自我の解放だと思ったことは社会的基礎の喪失であり、自由・独立だと思ったことは孤立であった。国家権力、家族制度の抑圧をとりのぞくことは、社会的きずなをたちきり、人間としての連帯をうしなうことになってしまった。かつてかれが一切の拘束からときはなされた人間をえがいたのは、このような人間が社会の共感をえられるという自信があったからだが、今やそうした共鳴盤は消滅し、理性による人間改革の理論は無力となった。

孤立無援の状態におかれたゴドウィン的人間が見出した活路は、異性との愛情のなかに人間的つながりをもとめることであった。事実、かれがウルストンクラフトと結婚したのは、政府による弾圧の脅威と急進主義者たちからの攻撃とをうけて、孤立状態におかれた時であり、そしてこの頃をさかいにして、かれの思想はおおきく変化する。『政治的正義の研究』では、血縁の人びとへの愛情は利己主義の産物であり、共同生活は人格の独立をさまたげるものとして非難されたけれども、結婚後の作品では、家族的愛情は人間の本性の重要な一部となり、結婚は知恵と徳性によって承認され、社会奉仕の原動力とさえなるとたたえられている。このばあい、賛美される家族は、従来の家父長的、権威的家族でも、ブルジョワ的、俗物的家族でもない。かれは両方を否定して、同感を確認しうる感情の共同体、愛情だけによって結合する小社会をもとめたのであって、この意味でかれの家族は、ウルストンクラフトのそれと同様にロマン主義的家族であったということができよう。

しかし、愛情を重視し家族を再評価するようになると、かれのこれまでの人間観にも変化が生じ、女性を男性に依存する性として意識するようになる。ウルストンクラフトの死後、かれは、ふたりの幼女をかかえ教養の低い女性と結婚しなければならなかったという事情もあって、その女性観には、初期の平等主義がうしなわれていく。晩年になると、男性も女性も理性のにない手として同質であり対等であるとした初期の思想から、はるかに後退してしまい、愛情とは、保護と依存の関係のうえに成立するものであって、男性はひまな時間に愛らしいなぐさめをあたえてくれる相手をえるために、女性は保護者、護衛者、指導者を必要とするために、結婚するのだ、とさえ主張するようになる。だから、かれが愛情を重視するロマン主義的家族を説いたといっても、そこには、家長中心の家族制度へすべりこんでしまう可能性は十分にあった。バイロン、シェリなどロマン主義文学者たちの女性観、家族観も、同じ傾向をもっていたといえよう。

現実の家族制度は、産業革命の洗礼をうけて混乱におちいりながら、大工業段階に対応するあたらしい形態へとむかっていたのだから、家族制度を廃止して人間は個人として自由になるというかれの理想は、およそそれとはかけはなれたものだった。現実的基礎をうしなったゴドウィン的人間が、ふたたび人間としてのつながりをもとめた時、対象としたのは対等な個人ではなく、恋愛という本能的感情と結びついた女性であった。同性にたいする同感にではなくて、女性とその子供たちの保護者になるという感情、そしてそれと表裏の関係にあるかれらの支配者になるという感情のなかに、かれは自分の存在の意義をみいだしたのである。ルソーからゴドウィンへと継承され、破滅にひんした近代的自我は、自我を主張しない人間(女性)を手段とすることによって生きのびることができた。このことは、市民社会においては、ルソー的な農業家族を維持する物質的基礎がうしなわれても、家長的権威にささえられた家族制度を構成する社会的、心理的基礎はなくなっていないことを、物語っている。つまり、同性とたえず競争関係におかれる市民社会で活動する男性は、心理的抑圧にたいする代償を家庭における性支配にもとめ、社会のなかで自立できない女性は、男性の保護の下に安住しようとし、このような男女それぞれの非人間的生活と、そこからうまれるゆがめられた性格とが、家父長的家族制度をたえず再生産していくのである。(あとでのべるように、これは、マルクス主義、フロイト主義の問題である)。したがって、産業革命後の社会もそれ以前の社会と本質的にかわりなく、家長を唯一の私有財産のにない手とする家族制度は維持され、男性も女性もこの家族制度から自由ではなかった。

Ⅳ　フェミニズムと反フェミニズム

逮捕されるイギリス婦選運動家
（1909年）

歪曲されたフェミニズム

グージュやウルストンクラフトなどによる女性解放の主張が、フランス革命の退潮を背景として挫折し混迷におちいったとしても、ひとたび提起された問題は、その後の歴史の過程で無視されることなく、支持と批判の両面から論じられた。これまでのべたことから理解されるように、女性解放の要求は家族制度批判を内包しているために、これらの論争は、既存の家族制度の問題をさけてとおることはできなかった。というより、家族制度を擁護するか変革するかをめぐって、フェミニズムと反フェミニズムが激突した。革命で小生産者が広範につくりだされたフランスでは、家父長的家族を固守しようというかれらの保守性を足場に、王政復古を支持する反動的、反フェミニズム的思想が登場する一方、従来の家族制度を変質させるか解体再編成することによって、女性を解放しようという要求が、空想的社会主義者たちによって提出される。また、産業革命をいち早く経験し、小生産者が没落したイギリスでは、産業ブルジョワジーが支配権を維持するために、女性の家長への従属を主張し、これにたいし、社会主義者の側からは、体制変革と女性解放が不可分なものであるという主張がなされる。そしてこれらの論争がもたらした成果は、家父長的家族にとってかわる、あたらしい共同社会が探究されたことであった。

このようなフェミニズムと反フェミニズムの闘争のなかに、女性のおかれた状態への批判から出発しながら、体制補完の運動に歪曲されてしまうフェミニズムがあったことを、指摘しなければならない。それは、十八世紀末から十九世紀にかけて、イギリスのおおくの女性をまきこんだ「博愛主義」の運動であった。この運動は、家庭に埋没していた女性たちに社会的活動に参加する手がかりをあたえ、十九世紀後半に開始されるさまざまな婦人運動の下地をつくったという意味で、評価されるべきではあるけれども、その運動自体は、保守的色彩が強く、当時の女性解放の要求とはかけはなれていた。

博愛主義運動は、産業革命とほぼ対応して発展してきた。それは、産業革命による経済構造の変化の結果、大量の貧民が発生して、農村では教区民の経済的負担となり、都市では暴力や犯罪の温床をうみ、それへの対策が、急速な経済発展をとげるイギリスの重大な社会問題として人びとに意識されるようになったことからうまれてきた運動である。貧民救済、刑法改革、刑務所改善、慈善学校、慈善病院の設立、黒人奴隷の解放などを内容とするこの運動は、体制を維持しようとする貴族、地主、それにブルジョワ階級から、体制に批判的な小市民階級、下層階級にいたる広範な層をまきこんだ。しかし、その指導的役割を果したのは、イギリス国教会の腐敗を不満とした職業的、非職業的宗教家たちであった。メソディストのジョン・ウェスリー、福音主義者のウィリアム・ウィルバーフォース、クェーカーのウィリアム・アレンなどをあげることができよう。かれらは、上流階級の拝金主義、下層階級の貧困、腐敗を批判し、それらを宗教心が希薄になった結果だとみて、上流階級には宗教的戒律を遵守し、下層階級に慈善をほどこすことを要求し、下層階級には神のあたえたその地位に満足し、道徳的人間に改善されるべきだと説いた。下層階級をその地位にとどめておいて、規律ある人間に改革し、資本主義体制にくみいれていくというのが、その真意であったといえる。そしてイギリスが、フランス革命に呼応した急進主義や十九世紀の社会主義などの反体制運動をおさえ、ヴィクトリア時代の安定と繁栄をむかえることができたのは、博愛主義運動に負うところがおおきかった。

この運動におおくの女性をかりたてたものは、人間として生まれたからには社会に役立つ仕事がしたいという内的衝動であった。とくに、産業革命の結果裕福になり、生産活動から遊離し、繁雑な家事を召使にまかせることのできるようになった階層の女性たちに、こうした傾向が強かった。なかには、貧困にうまれ、日々の労働に従事するかたわら女囚の改善に生涯をささげた、セーラ・マーティンのような例がないわけではないけれども、ワーク・ハウス改革の提唱者ルイザ・トワイニング、貧民学校をつくったメアリ・カーペンター、各種の貧民救済事業に力をつくしたアンジェラ・バーデット＝クーツ、刑法改革、刑務所改善をとなえたエリザベス・フライなどは、いずれも莫大な財産と教養を身につけた女性たちであった。博愛主義運動に身を投じた女性たちの目には、社交界に浮き身をやつし、消費生活をたのしみ、結婚を人生最大の事業とみなすように運命づけられた一生は、決して幸福だとはうつらなかった。没落階級の女性たちが、経済的必要にせまられて家庭外に生計の道をもとめたのとはちがった動機からではあったけれども、かの女たちもまた、既存の家庭生活に不満をいだき、そこから脱出して社会的活動に参加することに、生きがいをみいだそうとしたのである。

しかし、かの女たちの社会的活動、すなわち慈善事業は、生活の糧とはならない無償の奉仕であった。このことが、かの女たちの運動から、女性の経済的自立という女性解放の要点のひとつを脱落させたし、また、その運動を貧民にたいする恩恵というわくの中にとじこめることになった。かの女たちのおおくは、女性として従属的地位にありながら、階級としては支配者に属していたのであって、この二重の立場を利用して、下層階級に慈善をほどこすと同時に秩序への服従をおしえこんだ。主観的には善意から出発したものであっても、かの女たちの慈善事業は、結果としては階級支配に奉仕しただけでなく、女性にとっても、抑圧的な制度を強化することになった。

福音主義と女性——モア

博愛主義運動に参加した女性たちを代表する思想家に、ハナ・モアがいる。イギリス国教会の一宗派、福音派に属したかの女は、若い頃ブルーストッキングのひとりとして活躍し、のちに、日曜学校を設立して、貧民教育に献身的努力をした。女性のおかれている状況についてのかの女の認識は、ウルストンクラフトときわめて近いけれども、現状の克服については正反対の見解をとっている。

『現代女性教育制度批判』(一七九九年)のなかで、かの女は、女性教育がいかに矛盾にみちているかを説明する。既存の教育は、女性の知的、内面的発達を無視し、有利な結婚の機会をつかむために、さまざまな技能を無原則的に身につけることを、女性に要求する。社交界で男性の注意をひくために、フランス語とイタリア語の会話ができ、歌手として踊り手としてすぐれ、断片的だが高度の知識をもち、しかも娘、妻、母親、主婦としての能力をもつことを、要求する。「娘にはあらゆることを学ばせる」という格言がしめすように、女性たちの教養は広いけれども浅薄で、どれひとつ十分役立つものはない。職業につくことを目的とする男性が、自分の精神力をそれに集中するのと比較すると、女性教育の欠陥はあまりにも歴然としている。

ウルストンクラフトも、女性のおかれた劣悪な状況は結婚を目的とする教育によってつくりだされたというのだから、出発点において、ふたりは共通の立場にいたということができるだろう。しかしウルストンクラフトは、ここから、理性による教育を通して女性の主体性の確立、男女の同権を主張するけれども、モアは、こうした傾向をはげしく非難する。

モアは、社会的不平等を神の意志だとして是認する。魚には泳ぐためにひれがあたえられ、鳥には飛ぶためにつばさがあたえられているように、男性に優越した肉体と精神があたえられているのは、政治、経済、科学、戦争という領域で活躍するためなのである。女性にそうした能力がないのは神慮によるのだから、政治家や法律家になろうなどという野望をもつべきではないし、たとえ女性が高度の学問的知識をもったとしても、かの女はそれを正しい方法で手にいれたとは考えられない。

能力のうえからみれば女性は男性よりおとるとみるモアは、だからといって女性がすべての点で下位にあるとは考えない。肉体的にまた社会的にどんな差別があろうとも、神のまえでは男女は平等なのだという。女性は男性とひとしく、キリストの血によってあがなわれた人間であり、キリスト教においては、金持も貧民も、自由人も奴隷も、男も女もないのである。そればかりか、女性はある意味では男性より有利な条件をあたえられているとさえいえる。男性のばあいは、青年時代にギリシヤ語、ラテン語とともに異教の哲学を学ぶから、キリスト教にたいして懐疑的となり、成人してからは世俗的仕事に多忙で宗教に時間をさく余裕がない。これに反し女性は、ほかの思想を学ぶ機会がないから、キリスト教を素直にうけいれることができるし、また生活の場は家庭だから、神への奉仕に時間を規則的にさくことができる。神への献身こそが人間の価値を決定する要因だとするかの女は、女性教育の中心は宗教におくべきであり、宗教によって女性の状況は改善されるのだと主張する。

宗教の世界が理想であり、現実社会の矛盾は神慮だとするモアには、理想を現実にもちこむことは、神慮に変更をせまることであり、許しえぬ冒瀆であった。金持も貧乏人も、男性も女性も差別しない状態を実際につくりだすことは、俗世界にたいする宗教の優位をおびやかすことになる。そこでかの女は、既存の秩序や道徳をつきくずそうとする急進主義を、はげしく攻撃する。かの女によれば、急進主義は、貧乏や不幸をすべて政治のもたらす弊害だと考え、神の存在を無視して、それらが人間の力でとりのぞかれると主張し、また、法律や宗教を人間にたいする不正な拘束だといって、本能的衝動を是認し、妻や娘たちの道徳的判断を混乱させる。後者の例として、かの女は、ルソーの『新エロイーズ』、シラーの『群盗』(一七八一年)、ウルストンクラフトの『女性の虐待』をあげ、とくにウルストンクラフトの著作が、姦通を肯定し、それにたいする法的制裁を女性への虐待だといっていることを非難する。

神の意志である社会秩序をくつがえそうとする思想や運動を、女性は全力をあげて阻止すべきだとモアは主張する。女性はキリスト教徒として男性と同等になるのだから、キリスト教の見地からみて有用な人間になることが、女性に平等性を保証することになる。それには、まず女性自身が神のあたえた地位を守り、戒律を実践し、上流階級の家庭には宗教的規律をもちこんで風俗を改善し、下層階級には慈善をほどこし不満をやわらげ、宗教心をうえつけなければならない。かの女のこうした提案は、上流、中流のおおくの女性たちの共感をかちえた。依存の状態を正当化し、依存の状態にあるからこそ社会に貢献できるのだとすることは、そこからぬけだすことのできなかった女性たちにとって、満足すべき解決策とおもわれた。

けれども、女性が、自分のおかれた従属状態には手をふれないで社会奉仕に専念するということは、女性全体の劣悪な状態を固定すると同時に、下層階級の従属状態をも正当化することになる。上流階級の女性は、自分が従属的地位に甘んじ宗教的規律に服することにより、下層階級にもそれにしたがうように説得することができたのであって、結果としては、支配階級内従属者の女性の力により、支配体制はいっそう強化されたのである。女性という共通の立場にありながら、性差別の根源を直視するかしないかによって、女性同士が敵対関係におかれるという実例を、そしてこの敵対関係はしばしば、支配者の階級支配に利用されるという実例を、博愛主義者モアはのこしたといえよう。

反動の思想と女性——ボナルドとメーストル

革命の終結者ナポレオン・ボナパルトは、ルソーの弟子といわれるように、ジャコバン精神の継承者であった。かれは、反革命勢力をおさえ革命の成果を守りぬくと同時に、小生産者の生活の基礎をなす家父長的家族の強化をはかった。フランス国内だけでなく諸外国にたいしても、かれは戦争を通じ自由・平等の原理を輸出する一方、ナポレオン法典を編さんして、強力な家長権を支柱とする家族のモデルを提示した。

ナポレオンの民法典によれば、夫は保護の、妻は服従の義務をもつという前提のもとに、夫は妻の人格および財産についての支配、監督権を握ることになる。夫は妻の交際を禁じ、居所を決定することができるのに、妻にはそうした権利がないばかりか、一方的服従を義務づけられ、夫婦の共有財産はもちろん、妻個人の財産の処分についても、夫の許可が必要であるという具合に、人格的独立をみとめられず、法的無能力者とされた。一見前近代的ともいえるこうした家長権の絶対性は、封建制の遺物ではなく、典型的市民革命をもった市民社会の産物であった。ナポレオンは、男性の解放と女性の従属を表裏の関係におく近代思想を、集約し具体化したのであった。そして、この法典が施行されたフランスはもとより、それを手本とした国ぐにおいても、女性とくに妻の地位はきわめて低かった。

女性を家長権の支配下において家族の統一性を確保しようという要求は、市民階級と小市民階級に共通のものではあったけれども、家族制度の維持をより必要としたのは後者であった。資本主義の発展によって没落の運命をたどるかれらは、それを阻止するために、私有財産とくに小土地所有と、経営体としての家族制度に固執し、さらに自分たちの利益を擁護する国家権力に期待をかけた。ナポレオンが強力な家族制度を主張したのも、かれの社会的基礎が小所有者であったことから理解されるだろう。しかし、小市民階級の家族制度への固執、国家権力への期待は、革命のあいだ圧殺されていたカトリックとそれにささえられたブルボン王朝にとっても、ゆたかな土壌となった。市民階級が独自の権力をつくりあげるほど強力でなかったフランスでは、一八一五年のナポレオン失脚後、王政が、市民階級、小市民階級を自己の足場にくみいれつつ成立する。

小市民の家父長的家族制度とブルボン王朝の専制的性格とを結びつけた思想家は、教皇権至上主義者のひとりボナルドであった。かれによれば、革命後のフランス社会の混乱は、宗教的精神の喪失によるのであり、この混乱を克服するには、家族制度の強化が必要である。「〔無神論〕の萌芽は、社会についてのまちがった観念からうまれる。その観念は、投機の世紀に、貪欲がすべての人を商業投機にむかわせる精神の下でうまれた」とかれはいう。つまり、商工業の発展が人びとを個人的利益の追求にむかわせ、秩序を破壊し社会を分裂させてしまったというように、資本主義の展開が、かれの目には社会の崩壊としてうつったのである。そこで、たちきられようとしている社会的きずなを回復し、宗教心を復活させるには、まず商工業を抑制して農業を促進し、農業社会の基礎単位である家族を強化しなければならない。ここで強化されるべき家族とは、革命の推進力となりながら革命後には資本の脅威にさらされている、小土地所有農民の家族なのであった。小農民の家族を強化することは、一方で資本主義への防波堤をつくり、他方では国土と国民とを結びつけて国家的結合を形成させ、さらにその家族制度のもつ家父長的性格を、権力にもちこむことを可能にすると、かれは考える。ルソーは、国家を平等な個人(家長)からなる民主的組織としながら、家族を家長を頂点とする権威的組織とするというように、国家と家族を分離したけれども、ボナルドは、家族のもつ権威主義的性格を国家に投映して、民主国家の理念を否定したのであった。

ボナルドは、あらゆる組織は三つの要素から構成されると主張する。「すべての社会は、相互に区別された三人格から構成される。これを人は、権力者、大臣、臣民という社会的人格でよぶことができる。それらは、異なった社会では異なった名称をとり、家族社会では父親、母親、子供、宗教社会では神、牧師、信者、政治社会では国王または首長、貴族または官吏、忠臣または人民とよばれる」。つまり、家族にあっては父親が絶対的権力をもち、子供はそれに無条件に服従し、母親は両者をつなぐ役割を果すという関係が、国家にあっては君主が専制的権力を保持し、貴族は対外的には国土を防衛し、対内的には裁判権によって秩序を維持し、臣民はかれらの統治を享受するという関係に対応するものとされ、こうした秩序はさらに神の秩序として正当化される。日常的感覚によって認識される家庭内の性差別が、国家における身分的・階級的差別の根拠となり、また国家での差別が家庭での差別を理由づけ、両方の差別をささえるものとして宗教が登場する。バークやモアとはややちがった文脈ではあるけれども、ボナルドも、家庭における女性の劣悪な状態を利用して、保守的支配体制を擁護した。

ボナルドがフランスにあって、王政復古と同時に国会議員に選出され、アカデミー・フランセーズの会員として一八三〇年の七月革命まで日のあたる場所で活躍したのにくらべ、もうひとりの教皇権至上主義者メーストルは、フランスを精神的祖国と考えながら、革命フランスに追われたサルデーニャ亡命王国の外交官として家族とも離れ、ロシアのペトログラードで長年にわたり貧しい生活を送った。したがって、ボナルドが革命後のフランス社会の変化を注目しつつ保守的思想を形成したのにたいし、メーストルは、観念の世界でフランスの宗教的権威と世俗的権威の復活をもとめた。

メーストルによれば、フランス革命の混乱は、啓蒙思想とそれがもたらした宗教的権威、政治権力への軽視に原因がある。啓蒙思想は、神ではなく人間理性に信頼をおき、国家は契約によって構成され、政府は人間の意志によって改廃しうるという思想をうみだしたため、あらゆる権威が挑戦をうけ、社会は分裂状態におちいった。とくにヴォルテールは、神が宇宙を支配するならば、なぜ人間に罰として災害をもたらし、しかも善人悪人の差別なく災害にまきこむのかという疑問を提出し、宗教批判をおこなった。このような啓蒙思想にたいし、メーストルは、人間に原罪が存在するかぎり、災害は神が人間に課する処罰であり、神のいかりは善人悪人無差別におそいかかるものだと反論する。自然界には強者による弱者の殺害が法則としてあるように、人間社会においても戦争などによる大量虐殺がおこなわれ、こうした犠牲の中に神の秩序がつらぬかれるのだという。啓蒙思想では嫌悪され克服されるべきものとみなされる犯罪、天災、戦争、革命による流血を、かれは人類のさけることのできない運命だとして積極的に評価し、こうすることによって神の権威の絶対性と、神から発生する世俗的権威の専制的性格を正当化しようとした。

しかしかれは、権力を人民から超越した存在と規定する一方、権力にたいする人民の服従の根拠を、かれらの生得本能、共同体意識にもとめようとする。人間は個人として存在するとはいえ、家族、都市、国民に結合されてはじめて存在意義をもつのだから、自我を集団に埋没させることによって、人間は生きていくことができるのである。「メーストルは、ジャコバンの闘争にひそかなあこがれをいだいていた」といわれるように、家族から国家へつながる集団への献身の実例を、ルソー＝ナポレオン的小生産者層にみいだし、かつそれを賛美していたのである。ボナルドのばあいと同様、ここでも小市民的家族の保守的性格が、専制的国家権力に投映される。保守主義の思想、反動の思想は、性差別を内包する権威主義的家族制度を足場にして成立する。

空想的社会主義と女性――フーリエ

古典的市民革命といわれるフランス革命は、資本主義にとって好条件と悪条件の両方をもたらした。すなわち、それは、絶対主義的支配を破壊することにより資本主義への道をきりひらいた反面、小市民階級を広範に成立させることにより資本主義発展の障害をつくりだした。そして、小生産者層の保守的性格、反資本主義的性格を基礎として、王政復古期の反動思想がうまれたことは、すでにのべた。

ところで、フランス資本主義が成長するには、小生産者の生産様式を変化させること、つまり農業における資本主義化を促進し、農村人口を都会に流出させて工場制工業の労働力にふりむけることが必要なのであって、イギリスでは農業革命、産業革命がなしとげた農業の資本主義化、農民層の分解を、たちおくれたフランスでは、産業資本が意識的に自力でおこなわなければならなかった。このばあい、かれらの直接の攻撃対象が、小生産者の生産様式をささえている家族制度にむけられたことは当然であった。しかし、小規模経営とその母体としての家族制度にたいする批判は、産業資本家またはそれに上昇していく層からだけでなく、小生産者の分解があきらかになってくると、その階級内部からも発生した。かれらの目にも、孤立し細分化された経営は、生産力の発展を阻害する要因だとおもわれたし、しかも各経営体はたえず競争関係におかれ、没落の危機にさらされていることはあきらかであった。農業を資本主義化し農村の労働力を都会に吸収するという資本の論理とは別な観点から、経営体としての家族制度が再検討されることになる。

空想的社会主義は、産業革命前夜のフランスで、直接生産者、すなわち労資へ分解しきっていない階層を基盤として成立した社会批判である。かれらが家族制度を、そしてそれと不可分の女性解放を問題にしたのは、フランスの将来を展望するにはこれらの問題をさけることができなかったからである。保守主義は、性差別に基礎をおく家族制度を擁護したのにたいし、空想的社会主義はそれを批判し、フェミニズムを前面におしだした。ただ、十八世紀末のイギリスで、ゴドウィンが権威からの人間(男性)解放をもとめて家族まで解体したのとはちがって、フランスの空想的社会主義者たちは、男女を個人として完全に分解するのではなく、あたらしい組織にくみいれながら従来の家族制度の弊害をとりのぞこうとした。

サン＝シモンとフーリエというフランスの二大空想的社会主義者のうち、女性解放の問題に直接とりくんだのはフーリエであった。サン＝シモン自身は、かれの弟子たちが情熱をかたむけたこの問題を重視してはいないし、かれの理想社会である新キリスト教の世界でも、ほとんどそれにふれていない。フーリエは、すでに初期の作品『四運動の理論』(一八〇八年)のなかで、「社会の進歩と各期の転換とは、女性の自由への進歩に比例しておこなわれ、社会秩序の堕落は、女性の自由の減少に比例してなされる。……女性の特権の拡大は、あらゆる社会進歩の一般原則である」といい、女性の解放を社会進歩の必然的方向だと考える。

フーリエの思想には、十八世紀フランス唯物論にみられる、社会秩序の自然的調和と進歩にたいする、絶対的信頼があった。ルソーのように理性と情念とを対立させ、理性による情念の抑制を説くのではなく、かれは、情念を人間の本性の中心におき、情念の自由な発達こそ社会調和に欠くことのできない要件だと考える。情念は、一方では生活向上の欲求、生活資料生産の原動力となってあらわれ、他方では男女の愛情、生命を生産する本能として作用する。情念をこのように把握することにより、かれは、生活資料の生産と生命の生産というふたつの行為を統一したものとして理解し、それを分離、対立させる家族制度、男女の不平等を、批判することができた。

情念には、ニュートンの万有引力に比すべき引力が存在すると、フーリエはいう。情念が法則にしたがって働くばあいには社会の調和と個人の幸福がもたらされるけれども、その作用がさまたげられるばあいには、社会的混乱と人間の不幸が発生することになる。現実社会のなかで情念引力の自由で完全な展開をさまたげているのは、家父長的家族であり、そのうえにたつ小農経営である。孤立し細分化された農業家族では、社会的分業が成立すればわずかな労働ですむことに、おおくの労働を投下し、各家族の利益は相互に、また全体の利益と、たえず対立し、男性も女性も、愛情ではなく金銭欲による結婚をしいられ、しかもほとんどの女性が、能力に適していない家事労働に、終身従事するように運命づけられている。

家族を単位とする小農経営の存在が、生産力を阻止し、個人の自由をさまたげ、社会を混乱させる原因だとみるフーリエは、調和ある社会を実現するには、家族制度を廃止し、そのかわりにファランステールとよばれる農業共同社会の建設を主張する。すなわち、農業の資本主義化ではなく、農業の共同化によって小経営の限界を克服しようとする。かれの計算によれば、ファランステールは、各年齢層の男女一六二〇人からなる集団を単位としてつくられる。それはこの規模が、衣食住という生活必需品の生産にも、教育、文化の機能を果すにも、適正とみられるからである。従来、家族が家族員のために、他の家族や社会全体と対立しながら果してきた機能と、社会が果してきた機能の両方を、構成員相互を対立させないで、この自足的共同社会は果すことになる。

情念を自由に発展させれば調和が維持されるとかれは考えるのだから、各人は男女を問わず、それぞれの能力、欲求に応じて、生産集団、生活集団に組織される。そこでは、労働は欲望の実現すなわち快楽となり、これまでの社会では対立していた労働と余暇、肉体労働と精神労働、農業生産と工業生産、生活資料の生産と生命の生産の矛盾は、解消される。また、家長権中心の家族制度の下でつくりあげられた一夫一婦制は無意味となり、恋愛や結婚は従来の拘束からときはなされ、女性だけでなく男性も解放される。

フーリエは天才か狂人かといわれるほど、かれの作品には現実ばなれをした記述がおおい。しかし、人間に非人間的生活を強要しているものが既存の家族制度であり、人間が人間性をとりもどすには、この家族制度を解消し、個々の家族が果してきた役割をになうことのできる、よりおおきな組織をつくるべきだという主張は、人類が長いあいだ解決することのできなかった性差別、人間疎外の、根幹にふれる問題であった。かれの思想がたとえ「空想的」であったとしても、この問題を提起したという功績だけで、フェミニズムの歴史におけるかれの地位は、ゆらぐことはないであろう。

空想的社会主義と女性――サン＝シモン主義者

サン＝シモンの弟子たちが女性解放を主張するようになるのは、かれらの師の死後であり、しかも直接にはフーリエの影響によるものであった。それにもかかわらず、フーリエやかれの学派よりは、サン＝シモン主義者たちの方がフランス・フェミニズムの使徒とよばれるのは、かれらが女性解放の要求をはなばなしく実践にうつしたからであった。

フーリエの影響をうけたとはいえ、サン＝シモン主義者たちの女性解放思想は、フーリエのそれとことなっていた。「男性と女性、そこに社会的個人がある」という言葉に定式化されているように、かれらによれば、男女は一方だけでは不完全な、異質な存在であり、それぞれ異質な基準によって評価されるべきであって、相互補完物だという意味で平等なのである。したがって、フーリエのように一夫一婦制を否定しないし、生活共同体としての家族の存在を否認しない。フーリエとサン＝シモン主義者の女性観、家族観のこうした相違は、フーリエよりサン＝シモン主義者の方が上層の階級に属し、あたらしい資本主義社会の指導的地位をしめる人びとであったことに原因がある。

かれらの師サン＝シモンは、フーリエと同様に、フランスにおける生産力の障害が農業の小規模経営にあることをみとめるけれども、フーリエのように農業を共同化するのではなく、小経営を大経営にきりかえ、農業の資本主義化を促進してそれを克服しようとした。その弟子たち、すなわち科学者、芸術家、銀行家、また生産者とよばれる人びとは、フーリエが農業を基本産業と考えていたのとはちがい、機械産業による生産力の飛躍的増大を感知していたし、かれらのなかから鉄道の敷設、スエズ運河の建設などの大事業に着手する者もでた。しかし、サン＝シモン主義者は、資本主義を促進して生産力の上昇をめざしただけでなく、生産力を上昇させながら人間解放を実現しようとしたのであり、とくに師の死後、弟子たちの関心は、社会のなかで抑圧されている二種の人びと、すなわち労働者と女性の解放にむけられた。サン＝シモン主義者にとって、労働者の解放も女性の解放も、家族制度と深いかかわりあいをもつと考えられたが、それはそれぞれ異なった意味においてであった。労働者についていえば、既存の家族制度は、出生の権利や相続財産を尊重し、それらをもたない者を抑圧し、低い地位にとどめておく制度であった。サン＝シモン主義者は、家柄の特権や相続財産を否定し、そのかわりに、各人の能力と能力の表現である私有財産を重視したのであって、「各人は能力に応じて位置づけられ、仕事に応じて報酬をうける」という公式にしたがい、各人が能力を発揮することができ、能力とそれにもとづく財産をおおく所有する者が頂点にたつ、階層的産業社会をうちたてようとした。

能力だけで評価される社会こそが平等な社会だという主張は、階級的差別を永続化し、拡大するこれまでの家族制度を否定したという意味では、たしかに「社会主義的」であった。しかし、能力、すなわち生産活動とそれに関連する活動だけが社会的地位を決定するとみることは、そうした活動に専念できる男性については解放の理論であったとしても、女性にとってはそうではなく、かの女たちを下積みの階層におしさげてしまう結果となるにちがいなかった。そこでサン＝シモン主義者たちは、男性にたいしては能力による階層的産業秩序を説き、女性にたいしては「男女が一体になって完全な社会人となる」という平等主義を主張して、この矛盾をきりぬける。女性を男性なみの産業者の基準でわりきってしまえば、性差別は解消されるどころではないからである。

男性と女性を異質な存在とみて同等の地位におこうというかれらの女性解放思想は、宗教思想のなかではなばなしく展開された。サン＝シモン主義の宗教は、従来のキリスト教のように天国での救済をもとめるのではなく、地上における天国の実現であり、精神的満足とともに物質文明の享受をめざした。精神と物質、霊と肉体の両方を重視するという二元論は、そのまま男性と女性の二元論に結びつき、これまでの宗教では軽視されてきた肉体の復位を要求することが、そのまま女性解放につながると考えられた。こうした宗教的信念にささえられて、かれらは女性解放を実践にうつし、国内では「女性のなかでもっとも貧しく、肉体への非難でもっとも苦しんでいる階級」である売春婦へ解放をよびかけ、国外には、救世主キリストとならぶ救世女を発見するために、オリエント地方まで伝道をおこなった。かれらはまた、特権や財産の維持存続のための家族を軽蔑したかわりに、男女結合の内的衝動である愛情を神聖視した。自由恋愛の主張はここからうまれ、それはまた、家族を破壊し道徳を腐敗させるとして世間のはげしい非難をあびた。

サン＝シモン主義は、女性にあたらしい権利をもたらさなかったという批判がある。たしかにかれらの主張は、男女の形式的平等であり、愛情による結合であって、家族制度の弊害の根源をえぐりだすことも、女性の経済的自立を要求することもなかった。しかしかれらの精力的活動は、フランス・フェミニズムの主流となり、それを母体として、ジョルジュ・サンドの自由恋愛論、フローラ・トリスタンの女性労働者の解放、一八四八年の婦人参政権の要求がうみだされていった。

反資本主義的思想と反フェミニズム——カベとプルードン

保守的思想、反動的思想が反フェミニズムと結びつきやすいことはすでにのべたけれども、これは、逆に、反資本主義的思想がすべて女性解放に好意的だということを、意味するのではない。家族制度を資本主義から人間を守る防壁とみるばあいには、性差別と反資本主義的思想とはつながってしまうのであって、フランスの共産主義者エチエンヌ・カベ、無政府主義者ピエール・ジョゼフ・プルードンは、その例であった。

カベは、フランス革命期の共産主義であるバブーフ主義を継承し、イギリスに亡命中トマス・モアの『ユートピア』(一五一六年)の影響をうけて、共産主義の理想社会『イカリア航海記』(一八四〇年)を書いた。そこでの女性の地位は、教育、職業については男性と同等だが、政治活動、家庭生活については男性に従属すべきだとされている。かれがこのような矛盾した女性観をもった背景には、七月革命を契機にようやく展開するフランスの産業革命と、そうした状況の下での下層階級の家族の破壊、女性の困窮があった。サン=シモン主義者が、既存の家族制度の変革を女性解放とみたのにたいし、かれは、家族制度の維持が現状の改善であると考えたのであり、また、事実それが改善であった女性たちが存在したのである。カベによれば、かの女たちの悲惨な生活は誕生の時からはじまり、幼児時代には家事に使われて体力も知力もそこなわれ、成長してからは、男性よりはるかに低賃金で重労働に従事させられる。かの女たちの道徳的退廃、売春も、無知と貧困が原因なのだ。富の不平等な社会で、第一に犠牲になるのはいつもこうした女性である。

それへの救済策は、平等、博愛、団結を原理とする共産社会の建設だとかれは考える。女性の地位が低いのは、教育の欠陥と富の不平等によるのだから、まず教育において男女を平等にし、さらにあらゆる職業を女性に開放するべきだと説く。しかしこうした徹底した平等主義を主張する反面、かれは、公職からは女性を排除し、結婚、家庭生活においても男性が主導権をもつべきだという。イカリア共和国では、議会は二十歳以上の男性によって構成され、女性は男性のつくった法律に従わなければならないし、家庭では夫の意見が最高のものとして尊重され、妻は子供を養育して、家庭での義務を果すべきだとされる。結婚は義務となり、姦通は秩序をみだし道徳を腐敗させるとして非難される。フーリエやサン＝シモン主義者が恋愛や性の自由を追求したのとちがって、カベのばあいは社会の中では弱者である女性を保護しようとしたのであって、このことが家族制度の擁護と結びつくのであった。このようなちがいは、かれらの対象とした女性の階層的相違であった。

カベにくらべてプルードンは、感情的ともいえる反フェミニズムの主張者であった。家父長的小農民の根強いフランス東南部のフランシュ・コンテにうまれたかれは、印刷職人として働き、著作活動、政治運動に身を投じてからも、女性が社会にでて活動するのを極度に嫌悪したし、男性の権威を懸命になって擁護した。私生活でもこの原則はつらぬかれ、娘たちには家事だけ教えればいいと考え、「妻が選挙権を手にいれる日は自分が離婚する日だ」とさえ語った。ルソーより資本主義のはるかにすすんだ時代に生き、そのうえルソーとちがって集権的権力を否定したにもかかわらず、家族観、女性観については、基本的にはルソーとかわらなかった。小市民層の相対的に強力なフランスでは、小農民の家父長的性格が、都市の職人、労働者へとそのままもちこまれてしまう可能性が存在したのである。

プルードンは、男性と女性とは本質的に平等ではないという。『革命と教会における正義』(一八五八年)で、かれは、男女を肉体的能力、知的能力、精神的能力の三点から比較検討し、男性と女性の能力はそれぞれについて三対二の割合であるといい、したがってこれら三能力を乗じると、男性は三の三乗つまり二七の能力をもつのにたいし、女性は二の三乗つまり八の能力しかないという結論をだす。男性と男性とは、能力の同等な人間同士の関係なので、生産には生産を、権利には権利を、助言には助言をもってむくいることができ、相互に競争関係におかれたり、また連合したりすることができる。しかし、男性と女性とでは能力におおきな差があるから、こうした関係にはなく、優越者と劣等者の立場にたつ。男性は市民となるが、女性は市民ではなく、市民の妻にすぎない。

サン＝シモン主義者と同様に、プルードンは、異質な男女が一体となってひとつの存在としての役目を果すという。けれどもその内容はちがっていた。第一に、サン＝シモン主義者は、男女は異質だから同等だと考え、プルードンは、異質性から性的分業の正当性をひきだす。能力においてすぐれた男性は、家計を維持し、一家の財産を掌握し、社会的活動に従事するのにたいし、能力ではおとるが美ではまさる女性は、家長にしたがい、家事を処理することになる。一八四八年の二月革命以来要求されつづけた婦人参政権にたいし、かれは、女性が政治的権利をもつことは、男女の本来の役割を混乱させ、娼婦政治*を実現させることになるといって非難した。第二に、サン＝シモン主義者は、男女を結びつけるきずなを愛情にもとめ、プルードンはそれを否定して献身を主張する。かれによれば、愛情による結婚は、男性の体力と女性の美との取引であって、いわば売春行為である。結婚とは、恋愛感情より崇高な良心の問題であり、人間の意志によって解消することのできない神聖な儀式である。

自由人の自由な連合を目ざしながら、プルードンの無政府主義は、不自由な女性の存在を前提とし、家長的権威にささえられた家族制度のうえに成立する。したがってその論理は、自由・平等な人間を主体とする国家を構想しながら、自由人の背後に抑圧された女性をおくルソーの論理と、おおきなちがいはないといえよう。そして、フランス労働運動においてかれが果した役割を考慮にいれると、かれの反フェミニズムは、現実にはかなりの影響力をもったとみることができる。

＊プルードンには、『娼婦政治』という題名の著書がある。

功利主義と女性——ベンサムとジェイムズ・ミル

産業革命を通じて経済的実権をにぎったイギリス産業資本にとって、最終目標は、貴族・地主階級と分有している政治権力を、完全に自分の手中におさめることであった。かれらは、産業革命の車輪の下にあえぐ没落生産者や貧民の不満をも、腐敗選挙区を足場とする貴族・地主勢力にむけ、議会改革の世論をつくりあげて、自己の支配権を確立しようとした。十八世紀末から十九世紀はじめにかけ、イギリスをふくめてヨーロッパ全体が、フランス革命、ナポレオン戦争、それにつづく反動の時代という激動期をむかえたため、かれらの目的の実現はおくれ、一八三二年の選挙法改正までまたなければならなかった。しかしとにかく、選挙法改正によって、イギリス産業資本は階級支配を確立したのであり、そしてこのことは、イギリスのフェミニズム、反フェミニズムの性格にも、影響をあたえることになった。

勝利したイギリス産業資本の思想的基盤は、ジェレミー・ベンサムを中心とする功利主義であった。かれによれば、人間はすべて快楽をもとめ苦痛をさけるという意味で同質であり、平等なのだから、だれもができるだけおおくの快楽を手にいれること、つまり最大多数の最大幸福を実現することが、政治の目的でなければならない。そのためには、最大多数の意志が反映される政治制度、すなわち婦人参政権をふくむ普通選挙の実現がのぞましい。フランス啓蒙思想、とくにエルヴェシウスの影響をうけたかれは、女性が男性と同等の政治的権利をもつことに、ほかの功利主義者ほど抵抗を感じなかったし、また、功利主義の論理を貫徹しようとすれば、女性や無産者を政治の主体にふくめなければならなかった。しかし、政治の次元では平等主義を説くかれも、家庭生活においては男女は不平等だといい、家長権の正当性を主張する。ベンサムは、家庭内で男性が支配するのは、腕力の優位によるのだという。「夫はローストビーフをたべたいといい、妻はシチューをたべたいという。裁判官がきて料理するまでかれらふたりは絶食しているだろうか。妻は子供に緑の服をきせたいといい、夫は青い服をきせたいという。裁判官がきて子供に服をきせるまで、子供は裸にされているだろうか」。このように夫婦の意見がくいちがう時には、腕力にまさる夫が最終決定権をにぎることになる。「妻は裁判にうったえること以外は、夫の法律にしたがわなければならない。なぜ男性が支配者となるのか。それはかれが強者だからである」。夫の腕力の実体をなすもの、それは、近代思想が一貫して男性にあたえてきた私有財産権であった。「〔家庭内の〕経営管理は、男性にのみ属すべきである。……私有財産の獲得は、ふつう男性の労働によっているからである」とかれは説明する。

したがって、家長を唯一の私有財産のにない手とみるかぎり、ベンサムはルソーと同様に、政治社会にあっては民主政治を主張しながら、家族制度としては、力の論理による独裁を正当化することになる。ただベンサムのばあい、その家族制度は、ルソーのように階級分化の危機にさらされていたわけではないので、家族制度からはなれた問題、たとえば政治的権利については、女性を男性と同等にみようという余裕があった。

けれども、ベンサムの弟子ジェイムズ・ミルになると、婦人参政権を公然と否認する。それは、選挙法改正をひかえた産業資本が、一方では貴族・地主階級の勢力を弱体化するために選挙権の拡大を要求し、他方では、自分の支配を安定させるために下層階級の政治参加を拒否しようとしたことと、関連をもっている。つまり、下層階級に、政治的権利をあたえないようにするには、女性も政治的権利をもたないことが、それへの有力な理由づけになるのであって、財産による選挙権の資格制限と性による選挙権の資格制限とは、一方が他方を正当化する根拠につかわれる。

ジェイムズ・ミルが婦人参政権の問題をとりあげたのは、「統治論」(一八二四年)においてであった。かれは、統治とは社会の成員の快楽を最大にし、苦痛を最小にすることだといい、この目的を実現するには、成員全体が政治に参加できる制度がのぞましいと主張して、ベンサムを踏襲する。だがすぐつづけて、社会のすべての人間が政治に参加する必要はないといって、選挙資格の制限をもちだすのである。資格制限について、かれはふたつの根拠をあげる。ひとつは、ある人間の利益が他の人間の利益にふくまれるばあいであり、性と年齢による制限がこれに属し、もうひとつは、不必要な選挙権の排除であり、財産による制限はこれに属す。かれによれば、一定年齢までの子どもは、その利益が両親の利益にふくまれるから政治的権利をもたないのであり、同じように女性は、その利益が父親か夫の利益にふくまれるから選挙権をもつ必要がないとされる。女性の利益はいつでも父親や夫の利益と一致するのか、また一致するばあいでもそのことが選挙権をみとめない理由になりうるのかといった問題は、かれの考慮の外にあった。財産による資格制限については、その基準は低いほどいいとかれは主張しながら、しかし財産をもたない人びとが政治に参加しても利益はないといって、かれらの権利をきりすてる。ここでも、なぜ利益がないかという問題については、何もふれていない。

最大多数の最大幸福を目ざす功利主義は、イギリス産業資本のイデオロギーであった。けれども、産業資本が階級的支配をつらぬこうとすれば、功利主義の原則をゆがめなければならなかった。ベンサムの理論は家庭の内部までおよばなかったし、ジェイムズ・ミルの理論は労働者と女性を排除した。そこでかれらの矛盾をついて、つぎにのべるように、ウィリアム・トムスンは、協同組合の設立によって労働者の問題と女性の問題を解決しようとしたし、ジェイムズ・ミルの息子ジョン・スチュアート・ミルは、功利主義を継承しつつ女性解放と社会主義とに目をむけることになる。こうした状況のなかで、イギリスの女性たちは、参政権の問題、すなわちそれによって産業資本が権力をにぎるようになり、またそこから女性を排除することがかれらの理論でも説明できない問題をとりあげて、積極的な運動にのりだすことになった。

協同組合と女性——トムスン

ジェイムズ・ミルの婦人参政権反対論にたいしていち早く批判をなげかけたのは、同じベンサムの下で功利主義を学んだトムスンであった。かれは、『人類の半数である女性のうったえ』(一八二五年)で、ジェイムズ・ミル批判を法律的、形式的問題としてとりあげながら、最後に、女性問題はその次元にとどまる問題ではなく、資本主義とそれをささえる家族制度に根ざす問題であることを指摘する。それまでに資本主義分析の学問としてのリカード経済学をふまえて労働問題をみてきたかれは、ロバート・オーウェンやフランスの空想的社会主義を吸収して、労働問題と女性問題の両方を解決する方向を、協同組合の設立にもとめようとする。功利主義から社会主義への接点に、また労働者の解放と女性の解放をつなぐ接点に、かれはいたのであった。

『女性のうったえ』では、ジェイムズ・ミルの利益包含説がさまざまな角度から論じられる。トムスンは、女性を三つのグループにわけ、かの女たちの利益が父親や夫の利益にふくまれるかどうかを検討する。第一は、父親も夫もいないか、いても別れて生活している女性、それに夫と死別した女性である。全女性の六分の一から四分の一にのぼるかの女たちは、参政権をあたえられなければ、利益を代表するだれをももたないことになる。第二は父親の下で生活している娘たちであって、かの女たちの状態は息子たちのそれにくらべ、おおくの点で不利であり、しかももしかの女が嫡出子でなければ、その立場はいっそう悪くなるにちがいない。第三の既婚女性のばあいも事情は基本的にかわらない。男性は結婚によって何の権利もうしなわないのに、女性は結婚前にもっていたわずかな権利さえうばわれてしまう。こうした第二、第三の関係におかれた父親と娘、夫と妻とのあいだに、利益の一致はありようがない。またかりに利益の一致があったとしても、社会の一部の人びとから権利をうばうことは、当事者にとっても社会全体にとっても利益をもたらすとはいいがたい。

このようにトムスンは、婦人参政権を拒否する論拠を反ばくした後、女性に、男性への従属をたちきって独立することをうったえる。独立とは、法的権利を獲得するだけでなく、経済的独立をかちとることだとかれはいう。しかしまた、資本主義社会ではそれがきわめて困難であることもかれはみとめる。すなわち、すべてが生産能力によって評価され、自由競争が支配する社会では、体力的に男性よりおとり、そのうえ出産、育児、家事の負担をおわされている女性が、敗者の立場におかれるのはあきらかである。男性労働者は、女性が労働市場に出て自分たちの競争相手となるのをけっして歓迎しないだろうし、まして女性を労働者として自分たちと平等な地位におくために、かれの個人的労働の成果の一部を提供し、重荷を分担するようなことはしない。自由競争が完全におこなわれればおこなわれるほど、女性はとりのこされ女性の経済的自立は実現しないことになる。

自由競争の弊害は、男性と女性のあいだにだけ発生するのではなく、男性同士のあいだにも発生するのであって、体力や能力がわずかに劣れば、まさる者にけおとされることになる。資本主義社会の矛盾が露呈しはじめた時代に、ベンサムの下で思想形成をしたトムスンは、資本主義社会の矛盾の原因を分配の不平等にあると考えて、それを拡大する自由競争をはげしく非難する。そして、自由競争の弊害を解消するには、各人が共通の利益のために労働し、必要に応じて財貨の分配をうけられるような、協同組合を組織することを提案する。

協同組合が女性問題との関連においてもつもっとも顕著な特質は、従来の家族制度を解体して、家族のもっていた機能を協同組合が肩がわりをするということである。生産および消費の単位としての機能、私有財産維持存続の機能、労働力の生産および再生産の機能、性道徳を規制する機能、こういった機能はすべて、家族から社会の手にうつされる。性差別の組織としての家族制度をこのように一挙に解体し、ばらばらになった個人を協同組合に再編成することによって、女性解放の基本的障害はとりのぞかれるとかれは考えた。

家族制度が解体することにより、財貨を生産し、報酬をともなう労働と、消費的な、報酬をともなわない労働との区別は消滅する。家族制度の下にあっては、前者は主として男性が、後者は女性が担当し、こうした性的差異にもとづく分業が性差別の原因となっていた。協同組合では、子供の保育、教育、さらに料理、洗濯、掃除といった家事労働は、その他の労働と同じように社会的労働として評価され、女性は家事から解放されると同時に、男性と同等の労働者としての地位を獲得する。ここではまた、熟練労働、不熟練労働、肉体労働、精神労働という労働の質的差異は無視され、労働の量は労働時間によって測定されるので、男女の、男性同士の能力差は差別をうむことはない。

トムスンの協同組合は、フーリエのファランステールのように、組合員全体が共同生活をいとなむのだから、家族単位の労働が存在しないだけでなく、家族単位の生活が存在しない。かれによれば、大規模な共同生活こそが、女性にたいする男性の性的抑圧をとりのぞくとともに、人口の過度の増加を阻止することになる。現状では、貧困と、キリスト教による厳格な一夫一婦制のために、女性は早期不解消の結婚にむかい、孤立した家屋でひとりの男性と共同生活をさせられ、その結果は体力的に強者である男性に従属し、健康を無視して出産をくりかえす。他方、結婚をせず生活におわれる女性は、売春を余儀なくされ、貧困と過労のために短い一生を終える。協同組合では、女性も男性と同等の社会の一員となるのだから、結婚は相互の同意だけで成立し、道徳も人口増加も各人の理性と世論によって維持される。

近代思想が人間解放思想として形成されてきた以上、論理的には女性解放を否定する根拠はない。しかし、近代思想による人間解放は、家族制度を基礎とする性差別のうえに成立した男性の解放であったから、その論理を女性に適用してみても、女性解放は実現せず、近代思想の矛盾をさらけだすにすぎなかった。ウルストンクラフト、ゴドウィン、グージュなど、フランス革命期の思想家の限界はここにあった。それ以後の女性問題は、かれらのぶつかった性差別の組織としての家族制度をめぐって展開され、フーリエやトムスンは、家族制度批判を資本主義批判に結びつけ、家父長的な、経済単位としての家族を解体し、新共同社会を建設してこの限界をつきぬけようとした。かれらの思想が、当時の社会状況によるさまざまな制約をうけていたとはいえ、かれらのラディカルな問題提起は、女性にたいして未来への希望をあたえたのである。この希望を実現する方法は何か、それを推進する主体はだれかという問題は、次の時代の課題としてのこされた。

V

女性解放の論理と主体

ウーマン・リブのデモ行進(1970年8月26日はアメリカ婦人参政権獲得50年にあたる. 提供 WWP)

女性問題の多様性

空想的社会主義者たちが、女性の従属と家族制度との結びつきを指摘し、女性解放には家族制度の変革が必要だと説いたにもかかわらず、現実の家族制度は、かれらの主張に反して、解体の方向にむかうどころか再編強化されていった。支配階級にとって、家族制度の存続が体制維持に不可欠であっただけでなく、労働者階級にもそれが必要だったのである。産業革命による生活の危機が家族制度の危機としてあらわれた労働者階級には、空想的社会主義者の提案するような共同社会が現実のものとならないかぎり、生活を守るとりでは家族的結合以外にないとおもわれた。目前には、上層階級の安定した家庭生活があったのだから、かれらはそうした生活を理想とし、そうした生活に近づこうとした。男性たちは、自分の労働だけで家族を養い、妻には消費的家事を担当させる生活を理想として追いもとめただけでなく、現実としても、競争相手である労働女性が家庭に復帰することは、かれらにとって利益なのであった。女性たちも、家庭外での低賃金と重労働にあえぐよりは、家事に専念できる生活にあこがれた。家族にとってかわる別な組織がつくられない以上、性的分業、性差別にもとづく家族制度はたえず再生産され、小農経営による家父長的家族はくずれたとはいえ、その性格は大工業社会の労働者の家族にひきつがれていく。

しかし、女性の家庭への復帰は混乱なくおこなわれたわけではないし、また完全におこなわれたわけでもない。女性を家庭から労働市場にかりたてたものは、女性の経済的困窮であったことはいうまでもないし、資本の側でも安価な労働力をそこにもとめた。女性の低賃金労働かららできるだけおおくの利益を引出そうとする資本の要求は、資本主義の歴史を通じて基本的に変化はない。だが、女性労働者の大量の進出によってとくに脅威をうけたのは、男性労働者であり、賃金の切下げや失業に直面したかれらは、女性労働をはげしく非難し、かの女たちが家庭に帰ることを要求した。女性もまた自力で生活しなければならないという事情を無視して、資本は女性を男性よりはるかに低い賃金で労働させ、男性労働者は低賃金で働く女性を職場から駆逐しようとした。資本は性差別を利用して、男性と女性を対立させた。

産業革命がすすむなかで、女性の家庭復帰がある程度実現し、家族制度が再編成されるのは、男性労働者の強力な要求によるというよりは、別な事情が働いたからであった。そのひとつは、軽工業からはじまった産業革命が重工業に波及し、鉱業、機械、運輸などの分野で、あたらしい熟練労働者を必要とするようになったことである。このばあい、要求に応じたのは、職業教育をうけ技術を身につけることのできた男性であり、女性は不熟練労働者のままにとどまった。重工業の比重の増大、そこで働くあたらしい熟練労働者の登場によって、女性労働者の地位の低下は決定的となる。

もうひとつは、女性労働の弊害が社会問題として意識されるようになったことである。貧困と、それにくわえて工場での女性の長時間労働は、労働者階級の家庭を破壊し、かれらのあいだに道徳的退廃、犯罪、疾病、短命などの弊害を発生させた。これらの問題は、まえにのべた博愛主義者によってまず注目され、やがて女性の労働時間を規制する法案が提出され、女性を家庭に帰そうとする世論がつくられていった。そして女性は、産業革命前と同様に、家庭で家政婦としての仕事に従事する一方、上流階級の女中や下積みの労働者として働かなければならず、資本主義社会の産業予備軍的地位におかれて、男性の低賃金をささえた。

工場制工業の成立に対応して、上流、中流の家族だけでなく、労働者階級の家族もこのようにして再編成されていった。したがって、女性は解放されるどころか、依然として従属状態におかれたのである。ただ、十九世紀以降の特質は、女性の現状にたいする不満が、それまでのように個々の思想家によってのべられるだけでなく、女性独自の運動に結実したことであり、それにともない、女性解放運動の論理とそのにない手の問題が、注目されるようになったことである。

婦人運動は、あるばあいにはほかの反体制運動と結びつき、またしばしば、社会の混乱期に表面にあらわれてきた。女性の政治的権利の要求を例にとってみると、イギリスでは、ナポレオン戦争後の社会不安を背景とする議会改革運動のなかで、女性だけの組織が結成されたし、ピータールーの虐殺(一八一九年)では、議会改革運動に参加したおおくの女性に被害者がでた。フランスでは、一八四八年の二月革命に、「女性の声」協会が婦選運動を展開し、同じ頃、アメリカ合衆国では、ニューヨークで最初の婦選大会が開かれた。イギリス婦選運動は、さらに第二次選挙法改正(一八六七年)の運動と並行してすすめられ、その前年に、最初の婦選の請願が下院に提出され、以後、イギリス、アメリカをはじめ各国で、婦選のための組織が結成され、さまざまな運動がくりひろげられた。そして婦人参政権は、アメリカ合衆国の一部、ニュージーランド、スカンディナヴィア諸国では十九世紀末から二十世紀はじめにかけて、その他のおおくの国では第一次世界大戦後、または第二次世界大戦後に成立した。

主要な国で婦人参政権の成立した時期は、つぎの通りである(年代順)。ニュージーランド(一八九三年)、オーストラリア(一九〇二年)、フィンランド(一九〇六年)、ノルウェー(一九一三年)、デンマーク(一九一五年)、ソ連(一九一七年)、イギリス(一九一八年)、ドイツ(一九一九年)、オーストリア

（一九一九年）、アメリカ合衆国（一九二〇年、一部の州はこれより早い）、イタリア（一九四五年）、日本（一九四五年）、フランス（一九四六年）、中国（一九四七年）。

もちろん、女性解放の要求は参政権にとどまるものではない。民法上の諸権利（離婚の自由、親権の平等、既婚女性の財産権など）の要求、売春禁止の要求、教育の機会均等の要求、母性保護の要求、性の自由の要求、労働に関する諸要求など、さまざまな内容をもっており、これらは、歴史上、参政権の要求とならんで主張されたのであって、こうした多様な領域をもつということが、女性問題の特色である。しかもこれらの領域は、ひとつひとつばらばらに並存しているのではなく、相互に関連し有機的に結合しているのである。労働権が確立されなければ売春禁止は有名無実だし、参政権にささえられなければ母性保護、教育の機会均等を要求する道はせばめられてしまう。では、こうした有機的構造をもつ女性問題の中心部分は何かといえば、労働に裏づけられた経済的自立と、母性としての役割との矛盾を、どう解決するかという問題であり、この矛盾を制度化し永続化してきたものが、家長を中心に構成された家族制度だという問題なのである。

したがって、空想的社会主義者の指摘をまつまでもなく、家族制度の問題をさけて女性問題を根本的に解決しようとしてみてもむだであるにちがいない。しかし、女性問題には、家族制度をおおきく変化させないである程度解決できる領域は存在するし、十九世紀以降現在にいたるまで実現した女性解放は、このような領域に属していた。婦人参政権、売春禁止、教育の機会均等などがそれである。もちろん、世界中のすべての国でこれらの要求が実現したわけではなく、また実現した国でも、おおくは法律的、形式的段階にとどまり、実質的内容をともなっているとはいいがたい。参政権があたえられても、女性が男性と同数になるほど選出され、同等の政治的発言権をもつ国はまだないし、売春については、公娼制度の廃止からさらにすすんで、女性が売春にむかわざるをえない状況の克服まで問題にする国は、数すくない。教育の機会も、法的には平等だとはいえ、機会を享受するための準備はほとんどのばあい男女不平等である。

女性解放のそのほかの問題、労働権の確立、性の自由、母性保護についていえば、提起されたのは参政権よりおくれたわけではないけれども、現在なお参政権ほどの成果をあげていない。それは、これらの問題が、女性問題の核心にふれるからである。しかし、これらの問題にたいする見通しをもたなければ、女性解放を展望することは不可能だし、事実、女性解放を女性労働とのつながりで論じたマルクス主義、それを女性の母性としての役割、性の自由との関連でとりあげたケイ、ストープス、サンガーが、現在注目されるのは、このような理由によっている。

婦人参政権と女性

婦人運動とは参政権運動のことだとおもわれてきたほど、女性解放史のなかで参政権運動のしめる比重はおおきかった。とくに十九世紀後半から二十世紀はじめにかけて、イギリス、アメリカの女性たちは、主力をここにそそいだ。その理由としては、女性の政治的無権利状態が、法の前の平等を説く市民社会の原則と矛盾したものであったこと、参政権の獲得が、運動目標としては明確かつ具体的であったこと、などがあげられよう。さらに、議会改革運動やチャーティスト運動にみられるように、反体制運動が政治的権利の要求として展開されたイギリス、また、南北戦争の結果、解放された黒人奴隷に市民権をあたえるという問題が論じられたアメリカでは、女性の運動を参政権の要求として展開する条件がそなわっていたからである。

しかし、婦人運動の中心が参政権運動にあったとき、この運動を積極的におしすすめた女性たちのおおくは、上流、中流の知識層の出身であって、階級差別と性差別による抑圧を強くうけていた労働者階級の女性たちは、そこで重要な役割を果すことはなかった。もっとも、男性でさえ選挙権が制限されていた時代に、教育をうける機会にもめぐまれない労働者階級の女性は、政治に関心をいだくような状況におかれていなかったのだから、教育をうけ、権利意識に目ざめた女性がまず立上ったのは当然だし、またそのことは高く評価されなければならない。けれども、参政権運動の推進者が上流、中流の女性たちであったことは、この運動を、形式的権利の要求というわくの中にとじこめることになった。それは、イギリスにおける労働運動が、労働者参政権運動によって、推進されると同時に形式化されたのとにている。

婦人参政権に関する古典としては、まえにのべたトムスンの『女性のうったえ』のほかに、ジョン・スチュアート・ミルの『女性の隷従』(一八六九年)をあげなければならない。かれは、トムスンによって批判されたジェイムズ・ミルの息子で、父親の主張に反して婦人参政権を支持し、一八六六年には、下院議員であったかれを通して、婦人参政権の請願がはじめて議会に提出された。したがって、『女性の隷従』は、婦選運動の本格的開始を背景にかかれたもので、一般的には、女性解放論の聖典とみなされており、特殊的には、イギリス参政権運動の進歩性と限界の両方をあらわしているとみることができる。

功利主義の嫡出子ジョン・スチュアート・ミルが婦人参政権の正当性を主張する論拠は、ウルストンクラフトのそれと基本的にかわりはない。言葉をかえれば、ウルストンクラフトの主張は、七、八十年後にようやく社会的支持をえることができたといえよう。ミルによれば、男性による女性の支配は、現在、世界の一部になおのこっている強者の権利、力の支配のひとつにほかならない。奴隷制度、封建制度が消滅し、生まれによる差別を否定する市民社会がそれにとってかわった人類の歴史をふりかえれば、男女のあいだの支配服従関係は、やがて除去されるであろうし、除去されなければならない性格のものである。法律上、女性が男性に従属するということは、市民社会の原理からすれば矛盾であり、人類の進歩にたいするおおきな障害である。女性が政治的にも民事的にも男性と同等の権利をもつようになれば、人類最後の不平等はとりのぞかれ、抑圧されてきた女性の能力は、社会の発展のために発揮されるにちがいない。

では、同じ論法をとりながら、ウルストンクラフトは挫折し、トムスンは協同組合に走らなければならなかった問題にたいし、かれはどう答えようというのだろうか。家族制度を媒介とする男女の事実上の不平等と、法律上の平等との矛盾を(これはベンサムの問題でもあった)、かれはどう処理しようとするのだろうか。

サン゠シモン主義の影響をうけたかれは、家庭では男性の意志だけが支配するのではなく、両性の合意にもとづいて管理運営がなされるべきだと主張する。結婚するや妻の財産は夫の所有物になってしまう現行制度が改正され、夫婦別産制が確立されれば、夫が一家の支配者になる根拠はなくなるにちがいない。また、財産をもたず夫の労働で生計を維持しなければならない家族のばあいには、妻による家計の管理、子供の養育は、夫による家族への貢献におとるものではないから、夫婦のあいだに必然的に支配服従関係が成立することにはならない。つまり、家族制度の現状にはまったく手をつけず、法律上の不平等、偏見にもとづく不平等をとりのぞくことにより、家庭内での男女の平等は維持されるとかれはいうのである。

『女性の隷従』でかれが解放をよびかけたのは、主として相続財産をもつ女性たちであった。財産をもたない女性については、家庭内の性的分業による仕事がその任務だとされ、家庭外で生活費を手にいれるための労働は否認される。女性にとって結婚とは、男性にとっての就職と同様に、ほかの選択をすてて一生を家事と育児にささげる決心をしたことを意味し、社会的労働に従事するのを断念したのだとかれは考える。しかし他方で、かれは、さまざまな職業が女性に開かれるべきであり、職業につくだけの能力が女性にはあると主張する。ただ、ここでかれが注目するのは、単純な肉体労働ではなく、公職、専門職、芸術家としての仕事なのだから、財産と教養を尊重する選民意識からかれはぬけだしていない。そのうえ、職業につく女性は、独身で家事の負担をおわないか、あるいはすでに子供を育てあげ、家事から解放された女性だといっており、職業を通じての女性の経済的自立は、かれの問題意識にはなかったといえよう。女性は主婦か職業人かであって、両方をかねることはありえないのである。

参政権運動に参加した女性のおおくが、ミルの思想のわくのなかにとどまった。この点では、イギリス婦選運動の二大組織、ミリスント・ガレット・フォーセットを指導者とする「婦選協会国民連合」(NUWSS)も、エミリーン・パンクハーストとその娘クリスタベル・パンクハーストの指導する「女性社会政治連盟」(WSPU)も同じであった。もちろんそれは、この運動が重要でないということではないし、この運動が容易に目的を達成したということでもない。とくに、パンクハーストのグループは、世間の関心を婦人参政権にひきつけるために戦闘的行動にでて、放火や投石をしたり、競馬場で投身自殺をはかったり、刑務所でハンストを行なったりした。しかしかの女たちは、運動を法的権利の獲得に集中して、女性問題の根底にせまろうとせず、とくに下層階級の女性の問題を積極的にとりあげようとしなかった。ロンドンの下層階級に婦人参政権運動の組織をつくろうとしたシルヴィア・パンクハーストは、母のエミリーンと姉のクリスタベルから、規律違反の理由で除名された。こうした傾向は、参政権の目的が実現したあとで、女性解放運動そのものを、さらにおおきく発展させることをさまたげる結果となった。

教育の機会均等の要求と売春禁止運動

参政権運動と前後して、イギリスでは、女性自身による女性教育を要求する運動が開始された。といっても、初等教育を普及・充実して下層階級の女性の地位を高めるといったものではなく、没落中産階級の女性が大部分をしめる家庭教師の再教育を契機に、それを足場にして、女性の高等教育への道を開こうとするものであった。ここでも、運動の主体は上流、中流の知識層の女性たちであり、参政権運動に参加した女性たちと深いつながりをもっていた。

ウルストンクラフト以来、中産階級の女性の職業は家庭教師ぐらいしかなく、十九世紀前半には、銀行の倒産などの経済変動、それにともなう大量の若い男性の海外移民によって、この階級では職業につき自立しなければならない女性はふえたが、求人はそれほどふえず、しかもかの女たちは職業訓練をうけていなかったために、悪条件の下で働かなければならなかった。女性教師を再教育する問題は、まずキリスト教社会主義者の手でとりあげられ、やがてロンドンにクイーンズ・カレッジ、ベドフォード・カレッジなど、女性のための高等教育機関がつくられるようになった。こうした運動のうえに、男性の知識の牙城ケンブリッジ、オクスフォード、またはロンドン大学への進学を要求する女性たちがあらわれ、エミリ・デイヴィズ、フランシス・パワー・コッブなどは、政府や大学当局の女性にたいする頑迷な差別とたたかい、かの女たちを支援した。高等教育のなかでも、医学に志す女性にたいしては、大学当局、男子学生、世論のはげしい非難がなげかけられた。エリザベス・ガレット、ソファイア・ジェクス＝ブレイクなどは、女性であるという理由で、講義の聴講、人体解剖の見学を拒否され、試験は差別されるといったさまざまな困難のなかで、勉学をしなければならなかった。

男性と同等の教育を要求することは、女性解放の要点のひとつである。それは、自然的なものとみなされている男女の能力差が、人為的なものであることを証明するのに役立つであろうし、女性に自覚と自信をあたえ、能力の支配する社会に女性が進出する可能性を開き、これまでの女性観をくつがえすことにもなるであろう。女性が教師や医者の専門的教育をうけることは、女性に経済的自立の手段をあたえ、男性に依存しなければならなかった女性の生活に、おおきな変化をもたらすと考えられる。とくに、イギリスの知識階級の女性たちが、医者を女性の専門職として確保することに情熱をかたむけたのは、この職業が、男性に独占されている職業のなかでも地位と収入のもっとも高い部類に属していたからであって、これへの進出が、女性解放のひとつの基準とされたからであった。またそれだからこそ、男性の側でも嘲笑やさまざまな妨害によって、女性の進出を阻止しようとしたのであった。

このように、教育の機会均等の要求は、男性による知識と職業の独占を排除し、男性と同等の社会的活動を女性に保障するものとして、女性解放にとっては重要な意義をもっている。しかし、運動の先頭にたったのは、参政権運動と同じえらばれた女性たちであって、男性支配の社会へ参加する突破口をつくったかの女たちの功績は高く評価されるべきであろうが、この運動は、そこからただちに、女性全体の教育の要求、経済的自立の要求へとつながるという性格のものではなかった。

十九世紀後半のイギリスに発生したもうひとつの運動、すなわち売春禁止運動は、性をめぐる男女差別の暗黒面を、社会の前面にさらけだした。売春は、性道徳を規制する家族制度を前提としながら、女性にだけその規制を課し、男性にはそれにとらわれない性的自由をあたえるために、つくりだされたものである。そして、男性の性的欲望の対象となったのは、家族制度では保護されなくなった貧しい階級の女性たちであった。したがって売春は、家族制度の矛盾をおおいかくす手段であり、家族制度を維持するための補完物であって、すくなくともこれまでの家族制度は、そのわくの中に性道徳をとじこめることはできないし、そこで生活を完全に保障することもできないことを立証している。そして、家族制度と売春の最大の被害者が女性であることは、指摘するまでもない。

だから売春は、家父長的家族制度とともに古くから存在したと考えられるわけだが、売春への反対が十九世紀後半に運動となってあらわれたのには、それだけの理由があった。一八〇二年、フランスでナポレオンによってつくられた公娼制度が、その後ヨーロッパ中に普及し、イギリスでは陸海軍の基地に公娼がおかれ、一八六四年には、性病の伝染を予防するために検診を義務づける、「伝染病法」が議会を通過した。この法律は、国費によって売春婦の検診と治療を義務づけたもので、売春婦であるという認定は検査官の手ににぎられ、かの女たちの違反行為には体刑が課せられるという内容のものであった。

このような「伝染病法」にたいし撤廃運動を組織したのは、国教会牧師の妻ジョゼフィン・バトラーであった。かの女は、社会から脱落した女性たちの救済にあたっているうちに、個人的努力の限界を知り、この法律の制定に直面して、反対運動にのりだした。かの女やその支持者たちの主張によれば、この法律は、全女性を売春容疑の対象としており、しかも容疑だけで逮捕、検診をされ、それに抵抗すれば体刑をうけるというのだから、イギリスが、マグナ・カルタ以来きずいてきた人権擁護の原則と真向から対立する、というのである。さらに、売春に関する処罰は女性だけに課せられて男性は対象にされないこと、売春の原因は女性の経済的困窮であることをあげて、この法律が不当であると指摘する。

バトラーなどの運動にたいして、上流、中流の女性たちは、積極的な支持をあたえようとしなかった。参政権運動の指導者たちは、売春問題をとりあげることによってひきおこされるであろう世間の非難をおそれ、女教師たちは、自分の道徳がうたがわれ職をうしなうことをおそれた。バトラーは、売春婦の供給源である下層階級に働きかけ、かれらの支持をえて「伝染病法」廃止に成功し、さらに白人売春婦売買の禁止、売春禁止をうったえて、イギリスだけでなくヨーロッパ諸国に影響をあたえた。しかし、かの女も指摘したように、女性の貧困がとりのぞかれないかぎり売春は消滅しないのであって、それは売春禁止運動だけで解決できる問題ではなかった。

参政権運動、教育の機会均等の運動、売春禁止運動は、いずれも女性解放をおしすすめた偉大な記録であった。これらの運動が女性の力でなしとげられたという事実は、女性を解放するのは女性自身だという教訓を後世にのこした。けれども、これらの運動の主体が上流、中流の女性であったこと、また運動のはげしさにもかかわらず、かの女たちが性差別の根源にまでふれることができなかったことは、女性問題がいかに複雑で根深いものかを、立証するものでもあった。

マルクス主義と女性

逆説的ないいかたではあるけれども、女性問題に関する空想的社会主義の継承者は科学的社会主義＝マルクス主義であった。女性の解放が社会の進歩の尺度であること、女性への抑圧は家族制度を通しておこなわれること、女性を解放するには家族制度のになってきた諸機能を社会化することといった、空想的社会主義の提起した問題を、マルクス主義はうけとめ、かれらの論理のなかにくみいれていった。たとえばマルクスは、男性の女性にたいする関係のなかに人間発展段階のすべてがしめされているといい、エンゲルスは、私有財産制をささえる家父長制家族の発生が女性抑圧の起源であることをあきらかにし、ベーベルは、社会主義社会では、家庭でおこなわれてきた消費的機能が社会の手にうつされると説明した。

しかし、マルクス主義の功績は、単に空想的社会主義を継承したということだけではない。性的抑圧を自己疎外の一環としてとらえ、疎外の回復をプロレタリアートを主体とする体制変革にみいだしたこと、逆にいえば、プロレタリアートによる体制変革が性的抑圧を廃棄する道であること、つまり資本主義社会における変革の理論と変革の主体を発見し、そこから、女性解放の論理と主体の問題をみちびきだして、空想的社会主義をのりこえたことであった。これは、女性解放思想にとってあたらしい衝撃であった。これまでの女性解放思想には(女性解放運動にも)、変革の理論と変革の主体の問題が欠落していたことが意識され、それの回答がマルクス主義によってあたえられたからである。資本主義社会の被抑圧者プロレタリアートの解放は、同じ立場にたつ女性の解放へとつながっていく。

だが、マルクス主義の解放思想も、市民革命期の解放思想とはちがった意味ではあるけれども、基本的には男性中心の思想として形成された。資本主義の墓掘人プロレタリアート＝直接生産者の主力は、男性なのである。そこで、マルクス主義の解放思想を女性解放にもちこむばあい、ブルジョワ的解放思想がそうであったように、どこまでそれが適用されるかが問題になるであろう。体制変革の理論と女性解放の理論とは同じなのか、変革の主体は女性一般なのかプロレタリアートの女性なのか。後者であるとすれば、これまでの女性解放運動の推進者が上流、中流の女性であったのはなぜなのか。マルクス主義の登場によって、階級の解放と女性の解放の同一性と差異とが、問われることになる。

マルクスのばあいには、主要関心事が女性解放ではなかったのだから、かれの著作に女性問題についての思想の全貌をさぐることはできない。けれども、かれは、女性解放についていくつかの重要な示唆をあたえている。

かれによれば、人間は自然に働きかけて生活資料を手にいれるとともに、その行為を通して自分自身をも変革していく。したがって労働は人間の本質である。しかし、人間の労働の成果が生産者の手からはなれ、それの処理をめぐって社会内部の人間が分化し対立すると、労働は人間にとって苦痛となり、労働の生産物は人間が支配するものではなく、逆に人間を支配するものになる。こうした現象をかれは疎外とよび、すべてが商品化される資本主義社会にあっては、疎外現象が生産活動だけでなく、それ以外の領域にも拡がっていくと説明する。男性と女性の関係もその例外ではない。

『経済学・哲学手稿』(一八四四年)でマルクスは、「人間の人間にたいする直接的な、自然的な、必然的な関係は、男性の女性にたいする関係である。……この関係のなかに、人間にとってどの程度まで人間の本性が自然になったか、また自然が人間の本性になったかがあらわされ、観察できる事実にまで還元される。この関係から、人間の発展段階の総体を評価することができる」といい、また、人間としての人間を前提とするならば、愛情は愛情とだけ、信頼は信頼とだけ交換されるという。つまり、男性と女性の本来の関係は、平等な人格のうえにうちたてられるべきものなのである。ところが、生産活動での疎外と並行して、両性の関係にも疎外が進行し、男女は平等な関係から支配服従の敵対関係におかれ、性や愛情までが商品化されていく。したがって、疎外の回復とは、労働者階級による労働の生産物の奪還であると同時に、本来の男女関係の確立でなければならない。

このようなかれの疎外論から理解されることは、第一に、労働が人間の本質である以上、女性にとっては、労働への参加が人間性回復の必要条件であること、第二に、性差別は疎外の一現象であり、したがってそれは、疎外の克服を通して、別な言葉でいえば、資本主義体制の変革を通して除去されるものであること、第三に、性差別は、女性だけでなく男性をも非人間化するのであり、したがってそれを除去することは、男女両性の解放であるということである。こう考えると、これまでの女性解放思想がさまざまなかたちで主張してきたことを、かれは疎外論として理論化し、その後の女性解放思想のために、おおきな土台をつくったことになる。

だが、マルクスの自己疎外と人間解放の理論によって、女性解放の理論が完成されたのではない。かれは、労働を人間の本質だといい、労働による疎外が人間を非人間化するけれども、やがて疎外の克服を通して人間はより高い自己を実現する、と考える。女性も、労働者としては同じ過程をたどるであろうが、女性が抑圧され非人間化されているのは、労働を通してだけでなく、性や出産を通してなのである。女性解放の障害は、労働による疎外のほかに、出産とそれにまつわる負担のために、女性が男性なみの労働者にさえなれないという事実にある。女性固有の非人間化は、どのようにして克服されるのであろうか。マルクスの解放思想は、女性のこうした問題には直接ふれないで、もっぱら労働者一般の、したがって男性労働者を中心とした解放に注目してしまう。

まえにあげた『経・哲手稿』の引用は、マルクスによる性の平等の主張だとみることができる。けれども、注意しなければならないのは、この言葉が、共産主義とは女性の共有だとする思想への批判としてかかれていて、そのために論理の中心が男性におかれているということである。『共産党宣言』においても、マルクスは、ブルジョワ階級が共産主義を女性の共有だと攻撃しながら、かれら自身が事実上女性を共有していると非難する。「市民的結婚は、実際には妻の共同所有である。……いずれにせよおのずからわかることは、現在の生産諸関係の廃止とともに、それからでてきた女性の共同所有、すなわち公認および非公認の売春もまた、消滅するということである」。かれは、主要目的を、ブルジョワ社会の仮面をはぎとり、ブルジョワ的な「男性の女性にたいする関係」の欺瞞性をあばくことにおいていたために、それに未来の共産社会の理想的な「男性の女性にたいする関係」を対置したのであって、これと反対の「女性の男性にたいする関係」を主要な問題としなかったのである。

エンゲルスとの共著『ドイツ・イデオロギー』(一八四五―四六年)では、人類の歴史の前提として、生活資料の生産と生命の生産とを並列している。「生命の生産、すなわち労働における自分の生命と生殖における他人の生命の生産とは、二重の関係となって、つまり一方では自然的関係として、他方では社会的関係としてあらわれる」。このようにかれは、生産活動と出産とを同等にとりあげながら、出産についてはそれ以後ほとんどふれず、物質の生産だけに問題を集中していく。「生殖における社会関係」は、女性にとって、「労働における自然との関係」以上に重要な問題をはらんでいるにもかかわらず、掘下げられずに性的分業に関係づけられ、さらに生産活動での性的不平等の問題に転化させられてしまう。

マルクスがのこした問題は、かれの死後、エンゲルスによって『家族、私有財産、国家の起源』(一八八四年)でとりあつかわれる。エンゲルスは、歴史を規定する要因は生活資料の生産と生命の生産だといい、このふたつの生産を社会制度と家族制度とのつながりでとらえ、両方の相関関係を人類の発展段階にしたがってえがきだす。モーガンの『古代社会』(一八七七年)を基礎にかかれたこの著作が、その後の人類学上の研究成果からみればいくつかの欠陥をもっているとはいえ、生命の生産と生活資料の生産を同列におき、女性問題を性と出産との、結婚と家族制度との関連で追求し、史的唯物論の一環にくみいれようとした意義は、おおきいといわなければならない。けれども、女性問題をこうした視角から分析すること、すなわちエンゲルスがいうように、女性従属の起源は私有財産を継承していく家父長制家族の成立にあり、したがって女性を解放するには、経済単位としての家族を解消し、女性に社会的生産活動への参加の道を開くことだとすることは、女性解放と男性(プロレタリアート)解放の異質性をみとめたことになる。

エンゲルスによって、女性解放にはそれ独自の問題があることが認識されたとしても、マルクスがのこした問題に片がついたのではなく、問題の本質がより明確にされたにすぎない。女性解放の条件としてエンゲルスがあげている経済単位としての家族の解消は、果してどういう歴史法則にもとづいておこなわれるのだろうか。またそれを推進する主体はだれか。マルクスによれば、資本主義社会の崩壊は歴史の必然であり、それを推進するのは資本主義の胎内で成長してきたプロレタリアートだという。資本主義社会とプロレタリアートを、家族制度と女性におきかえることができるのか。できないとすれば、女性解放にはどんな論理がうちたてられるべきなのか。

マルクス主義女性論のもうひとつの古典、ベーベルの『女性と社会主義』(一八七九年)においては、こうした問題がおおきな意味をもたないようにみえる。かれは、女性解放の特殊性を一応みとめるけれども、それを社会主義革命の一部と考える。「被抑圧者であることは、女性も労働者も同じ」であり、「女性問題は一般的社会問題の一面」にすぎず、女性解放は、社会主義社会が成立し、男性も女性も労働者になった時に実現する。したがって「未来は労働者と女性のもの」なのである。このように、かれが、女性問題と労働者の問題とを特に区別せず、女性解放を体制変革に直結して理解しようとした原因は、その社会主義論の性格に根ざしていた。かれは、古代以来の女性の従属の歴史を、おおくの実例をあげ、詳細に、情熱をこめて記述する一方、社会主義社会については、ばら色の理想郷としてえがきあげる。そこでは、すべての矛盾が解消し、解消しうるのだ。未来社会にたいするきわめて楽観的な(空想的ともいえる)見通しが、かれにあっては、女性問題の複雑性を直視するよりは、すべてを社会主義革命に結びつける結果になってしまったのである。社会主義社会になれば、女性は、一日のあいだに男性と同じ条件で一定の職業に従事するほか、教師や保育者になり、芸術、科学を学び、行政にたずさわるとかれはいう。現実のまずしさが未来のゆたかさと対比され、この意味ではベーベルは、空想的社会主義者に近かったといえよう。もちろんこれは、ドイツ社会民主党の思想的性格にもつながる問題である。

マルクス主義は、変革の理論と変革の主体を発見して、人間解放の可能性を開いた。これを女性が女性解放の問題としてどううけとめるべきか、それは解決されてしまった問題ではない。

母性と女性

性差別は階級差別をささえると同時に階級差別によって強化され、家長中心の家族制度は資本主義の基礎であると同時に資本主義によって維持される。こういう事実をみれば、女性解放と体制変革とが不可分の関係にあることはあきらかであろう。資本主義体制内においても、女性解放の余地は存在するし、実際にそれはおしすすめられ、またおしすすめられるべきものであるとしても、体制のわくの中で女性問題の根本的解決をはかるのが困難であることは、これまでのいくつかの運動がすでに証明した。したがって、女性を解放するには、女性も社会的労働に参加し、体制変革の運動の一翼をになうべきだとしたマルクス主義は、女性解放思想にとって貴重な財産となったのである。

しかし、女性解放には体制変革が不可欠だとはいえ、資本主義の崩壊＝労働者の解放と、女性の解放とは同一のものではない。男性なみの労働者になれないことが、女性問題のおおきな課題である以上、労働問題が女性問題を包摂することはできない。労働による疎外とその克服を通しての人間解放が、労働者または労働者の家族としての女性にとって、解放の一部をなしているとしても、かの女たちが女性のすべてではないのだ。性差別は、労働者階級の女性にも、それ以外の階級の女性にも共通の現象であり、しかも差別を除去しようという運動の主導権は、これまでは、上流、中流の知識層の女性がになってきたのである。女性問題には、男性労働者と共通の労働問題とならんで、女性固有の問題、つまり、生命の生産をめぐる母性、女性の

「性」の問題が存在する。そしてこの問題は、十九世紀から二十世紀にかけて、あらたな注目をあびるようになった。

産業革命で一時くずれかけた家族制度が、産業資本の支配の下で再編成されたことは、女性を男性の経済的依存者に固定しただけでなく、女性の肉体や精神をむしばんでいった。ヴィクトリア時代には、それ以前の時代にもまして、女性の成功はよりよい結婚の機会をつかむことだと考えられ、男性の歓心を買うことだけを目ざす教育がおこなわれた。女性は、上流階級から下層階級にいたるまで、行動も表現もひかえめで、肉体も頭脳も弱く、結婚後の生活(たとえば性生活、出産)や社会状勢について無知であることがのぞまれた。このように教育された女性が結婚したばあい、自分の希望しない結婚をしいられたばあい、あるいは結婚の機会をつかめなかったばあい、かの女たちのなかには、予期しなかった環境に適応できず、精神的・肉体的疾病におちいる例もあった。肉体も精神も弱いけれども健全な子供を生みかつ育て、貞淑でありながら娼婦的性格をもち、男性に依存するように教育されながら依存しないで生活しなければならないというのが、女性にたいするブルジョワ社会の要求であった。

こうした矛盾した要求が問題とされ、あらたに「女性とは何か」という問いかけがなされるようになった原因としては、ひとつは、参政権運動をはじめとする婦人運動が活潑になったこと、もうひとつは、ダーウィンの『種の起源』(一八五九年)によってうちたてられた自然科学的思考の影響が考えられよう。女性の「性」やそれのもつ精神的、社会的意味が、科学の対象としてとりあげられるようになったのである。

けれども、男性と区別された女性の固有性を認識し強調するだけでは、女性の地位を向上させるとはかぎらない。ルソー、バーク、プルードンがそうであったように、そこから男性優位の結論をひきだすこともできる。むしろこれまでの思想傾向は、男性にたいしておとっていることが女性の特質あるいは美点だとみなしてきたために、女性解放思想は、女性の固有性に目をむけるよりは、男女の類似性を強調したのである。ブルジョワ合理主義を援用しようとしたウルストンクラフトも、女性を労働者として解放しようとするマルクス主義も、この意味では同じであった。

十九世紀末から二十世紀にかけてのあたらしい傾向には、男性と区別された女性の特色を強調することによって、男性優位を立証しようとするものと、それによって男女差別をとりのぞこうとするものとの両方があった。前者には、たとえばオットー・ヴァイニンガーやジクムント・フロイトをあげることができよう。ヴァイニンガーは、『性と性格』(一九〇三年)において、男性類型をM、女性類型をWと規定し、各人は、M要素とW要素をそれぞれ所有しており、これらの要素の割合に応じて、人間の性格がつくられると主張する。かれによれば、MとWは対照的かつ両極的存在で、一方は価値のすべてを所有し、他方はそうした価値をまったくもたない。女性の唯一の特色は、性的存在、つまり性行為を目的とする売春婦か、生殖を目的とする母親かであり、知性や良心などはもっていない。これにたいし男性は、自分のなかに全世界をふくみ、すべての事象を認識し判断する能力をもつ。したがって、男女は同列に評価されるべき存在ではないのだが、女性を人間とみなしうるとすれば、それは、男性と共通のいくつかの特徴をもち、男性の補完物だということにおいてである。——このような極端な女性観をいだくようになったのは、かれが、ウィーンのユダヤ人として人種的抑圧をうけ、そこから心理的にのがれるために、女性にたいする性的優越感をいだくようになったからだと、考えられている。しかし、ここで注目すべきことは、かれのような女性蔑視が、当時としてはけっして例外ではなく、人種的差別とならんで、後にはファシズムの思想的地盤を形成していったことであろう。

フロイトの女性観の基調も、ヴァイニンガーとおおきな相違はない。ただフロイトにあっては、それを経験科学としての精神分析学の立場から立証しようとしており、こうした努力が、一種の疎外論に道をひらき、女性論だけでなく、人間論一般にゆたかな土壌を提供した。フロイトは、女性のヒステリー患者の治療にあたったのが契機となって、精神障害の原因には、無意識的な性的欲求の抑圧があることに着目した。かれの研究によって、従来男性の「性」の対象または手段としか考えられなかった女性の「性」が、科学的研究の対象となったばかりか、男性の「性」が男性の精神にたいしてもっている関係と同様な関係を、その精神にたいしてもっていることが証明され、さらに、女性による性的欲求の追求が、男性のばあいと同じように、科学の名によって正当化されることになるのである。

性が、生物学的にみた男女の基本的差異であり、それを媒介として男女の諸関係が形成されることを考えれば、女性の「性」を男性の「性」と対等に位置づけることは、女性を男性と同じ理性的存在、または男性と同じ労働者にするのと同様に、あるいはそれ以上に、女性解放にとっておおきな意義をもつことになるであろう。

けれども、フロイト自身は、男性と女性とをこのような意味で同列におこうとは考えなかった。かれは、男女の生物学的差異が、女性に劣等感をあたえ、性的発達、精神的発達に影響をおよぼし、男性をすぐれたもの、女性をおとったものにつくるのだと主張する。フロイトが、女性を劣等視した原因のひとつとしては、かれがヴァイニンガーと同じヴィーンのユダヤ人であったことが考えられよう。だが、かれは、ヴァイニンガーとちがって、性そのものの構造上の相違から、男女の肉体的、心理的優劣を論証しようとしたのであって、このことは、女性解放思想にとっては、あらたな課題となった。女性の「性」を科学的研究の対象としてきりひらき、同時に女性の劣等を証明しようとしたフロイトを、その後の女性解放思想は、継承しかつ克服しなければならないことになる。

女性の固有性の探究から性差別の除去を主張した思想家としては、イギリスのハヴロック・エリス、スウェーデンのエレン・ケイ、アメリカのマーガレット・サンガー、イギリスのマリ・ストープスがいる。これらの人びとは、フロイトとはちがった観点から、性が文明社会でゆがめられ、抑圧されているのを批判し、女性の「性」は女性自身が追求する価値をもつと考える。

ダーウィンの進化論の影響を強くうけた心理学者エリスは、女性の特色とされている性質、たとえば理性より感情に支配され、あたえられた環境に順応しやすいといった性質は、女性の劣等をあらわすものではなく、種の保存のためには好都合な性質なのであり、それ自体尊重すべきものだという。したがってかれは、男女の性格を比較して男性の優位を説く思想にも、男性の状態に近づくことによって女性は解放されるのだという女性解放論にも、否定的態度をしめす。「進化」の名において、劣等視されてきた女性の特質が評価されるのである。

エレン・ケイのばあいは、女性だけがもつ母性の役割、そしてその役割の前提となる恋愛の意義が強調される。かの女は、従来の家族制度の、一夫一婦制の欺瞞を指摘し、恋愛だけが男女を結ぶ道徳であり、正当な結婚だといい、それによって生まれた子供を健全に育成することが女性の任務であり、女性の幸福と社会の幸福とを結合することだと説く。ルソーの影響をうけたかの女は、ルソーが、労働を通して個人の利益と社会の利益とを結びつけたように、生命の生産を通して女性と社会とを結びつけようとする。物質の生産が、社会の、そして家族制度の機軸におかれたことが、男性優位の原因であることを考えれば、出産と育児とを人間生活の中心におくことは、これまでの物的生産力万能の社会を正面から批判することであり、男女の関係をおおきくかえることになるであろう。この意味でケイの主張は、女性解放思想史上画期的意味をもっていた。

しかし、恋愛や出産や育児が人間生活に重要な意義をもち、それらを再評価することが女性の地位を向上させることであるとしても、出産や育児は女性の生活のすべてをしめるものではない。おおくの女性は、そのほかに、男性とならんで社会的労働に従事しているのだし、出産や育児にたずさわらないで労働に従事している女性もいる。こうした女性労働の問題にたいし、ケイは、女性にとって労働と母性とは両立しないものだと主張し、母性を労働より優位におこうとする。母親が社会的活動に参加すれば、かの女の母性は萎縮するにちがいないという。ジョン・スチュアート・ミルと同様に、ケイも、女性は母親となるか職業につくかどちらかを選択すべきだと考えているのである。さらにかの女は、女性が産児制限によって出産や育児の負担を軽減することにたいしても、消極的姿勢をしめした。

ケイが、女性の特質＝母性を軸にして解放論を展開したことは、物的生産力中心のブルジョワ社会を批判するだけでなく、女性を、男性と同等の労働者にすることによって解放しようというマルクス主義をも批判するものであった。かの女は、マルクス主義が軽視した領域に注目し、それを自分の理論の中心においたのである。けれども、女性が男性なみの労働者になりきれないというのがマルクス主義の女性解放論の問題であったのとは対照的に、ケイにたいしても、女性を母性のわくの中にとじこめることはできないし、母性を強調するだけでは解放は実現されないという反論がなされるだろう。女性解放の問題とは、まさに女性における労働と母性の矛盾の問題なのだからである。

女性労働や産児制限に関して、サンガーやストープスはケイと意見を異にする。ストープスは、自分の生活体験から、性の追求が女性にとって重要な意義をもっていることを説いた『結婚愛』(一九一八年)において、女性の理想は社会的活動と母性の両方を追求することだといってケイを批判し、生物学者の立場から、産児制限は母親にとっても子供にとっても必要であり、道徳的に非難されるべきではないと主張した。この著作のなかで、産児制限についてのべている部分はごくわずかであったにもかかわらず、かの女のもとに問い合わせが殺到したことは、いかに人びとがそれを必要としていたかを物語っている。このような経験から、労働者階級の貧困、労働者階級の女性の疾病、短命のひとつの原因が、過度の妊娠、出産にあることを知ったストープスは、母性の自由な開花が、現状では女性を解放するよりは逆に苦しめていると考え、ロンドンにかの女たちのための診療所をつくり、さまざまな困難をおかして産児制限運動にのりだした。

サンガーやストープスは、母性の意義をみとめたうえで、それを放任するのではなく制約することが、女性にとって利益であることを発見したのである。労働か母性かではなく両方を追求しようとする女性にとって、母性による負担を軽減することは、解決のひとつのかぎであった。そしてこのことは、長い歴史を通して自分の性に支配されてきた女性が、自分の性の支配者になる可能性をつくったわけで、こうした理由から、産児制限運動は、経済的自立とは別の意味で、女性の自我の確立に道を開いたということができよう。

ロシア革命とファシズム

二十世紀後半の女性解放思想は、生産活動と出産との対立、いいかえるならマルクス主義の提起した労働主体としての女性と、フロイト、エリス、ケイ、サンガー、ストープスなどが問題にした性的存在としての女性との、分裂を克服し、性的抑圧機構としての家族制度を変革して、女性解放を現実のものにするための模索にはいる。こうした模索におおきな影響をあたえたのが、世紀の前半に成立したソヴェトの社会主義とドイツのファシズムであった。マルクス主義の最初の具体化であったソヴェトは、労働者の解放への巨大な一歩をふみだし、女性解放についても画期的なこころみをおこないながら、これまで体制の変化をこえて女性のまえにたちふさがっていた家族制度を維持存続させ、とくに、スターリン時代にこれを強化する方向をとり、解放をもとめる女性たちの期待を失望にかえた。全世界を戦争にまきこんだファシズムは、階級・人種・性の差別が、その極限においていかに悲惨な結果をもたらすかを、人びとに認識させた。

ロシア革命開始直後、レーニンは、女性解放のための徹底した政策を採用した。家長権は廃止され、女性は、独立の人格者として、男性と同等の権利を手にいれることができた。参政権は実現し、離婚の自由、財産権および親権の平等は確立した。これら市民的権利とならんで、女性を家族制度の束縛から解放し、労働者として自立させるために、家事労働の共同化、保育所の建設が主張され、さらに、家族制度の廃止が、性の自由が論じられた。ロシア革命は、これまでのどの革命よりも女性を解放したのであり、その実験を、各国の女性たちは、おおきな期待をもって注目した。

しかし、間もなく革命初期の解放の気運は後退し、恋愛や性的欲望の追求は一ぱいの水をのむようなものだといって性の自由を説いたというコロンタイ*は、レーニンによって批判され、さらにスターリン時代にはいり、一九三〇年代のなかばから四〇年代のなかばにかけて、社会主義体制下での家族制度の再編成がおこなわれた。妊娠中絶は禁止され(一九五四―五五年に合法化された)、離婚手続は複雑化し、子供の保育、教育にたいする両親の責任は増大した。家族は国家の基礎単位として重視され、女性は、自由な市民としてよりは母親として尊重され、子沢山の母親に名誉があたえられた。一方では、保育施設の増設、共同食堂の設立などがおしすすめられたにもかかわらず、家族制度の強化は、女性を依然としてそれの重圧下におき、家事や育児の大部分は女性の負担になって、かの女たちを男性と同等の労働者にすることをさまたげた。

こうした「反動」の原因を、ソヴェト・ロシアの後進性、社会主義建設途上の、反ファシズム闘争の過程での、政治的・経済的必要性にもとめることはできる。けれども、女性解放とは、家族制度に拘束されない恋愛や性を追求する自由であり、女性の母性としての負担を軽減することだと考えてきた欧米先進諸国の女性たちは、資本主義が崩壊してもなお存続している性への抑圧をみて、その原因を、長い歴史を通して形成され、体制変革によってはただちに変革されない、男性と女性それぞれの意識構造のなかに、よみとろうとする。

ソヴェトにおける家族制度復活とほぼ並行して、ナチス・ドイツにおいても、家族制度強化の政策がとられた。女性の領域は家庭であるという宣伝の下に、女性は議会から、専門職から、高等教育機関からしめだされ、結婚が奨励され、家庭の意義と女性の母性としての役割が強調された。ナチスの指導者にとって、家庭は、最小の経済単位であると同時に侵略戦争に必要な労働者と兵士の供給源であり、国家のイデオロギー的基礎であったから、かれらは、女性を家庭にしばりつけ、女性の労力的負担において人的資源を確保し、子供を国家目的に奉仕する国民に教育しようとした。しかしかれらは、一方で「女性よ、家庭に帰れ」と主張しながら、戦争遂行のためには安価な労働力としてかの女たちをもとめたのであって、女性は、母性としての役割をになわされながら低賃金労働者として労働させられた。女性の性と労働の両方が、ナチスの政策に利用されたのである。

ナチスの対女性政策をささえていたのは、民族的差別意識とならぶ性差別の意識であった。かれらは、他民族にたいするアーリア民族の優越をほこったように、女性にたいする男性の優越を強調した。男女の肉体的差異を理由に、女性の劣等を説き、男性は支配し、女性は奉仕するために存在するのだといい、女性を民族繁殖の単なる手段とみなした。かれらの差別意識が、近代社会がきずきあげてきた人権思想、民主主義を否定し、人類を戦争の破局にみちびいていったのである。

第二次世界大戦後の女性解放思想は、性差別にひそむ意識の意義を強調する。十九世紀末から二十世紀はじめにかけて、いくつかの女性独自の運動がくりひろげられたにもかかわらず、性差別は依然として維持されたこと、また、ファシズムの思想的基礎が差別意識であったこと、さらにまた、社会主義が実現したソヴェトでも家族制度が強化され、女性がそれに拘束されたことから、性差別が人間の意識に根ざし、意識に根ざしているからこそたえず再生産されていくのだという問題が重視されるようになった。意識は存在に規定されるということが事実であるとしても、存在にたいして意識のもつ力はおおきい。性差別のもとにおかれている女性自身が、差別をとりのぞこうとするよりそれに安住し、男性への依存をもとめて、差別をつくりだしているのである。したがって、性差別を解消するには、まず差別をつくりだす女性の意識変革からはじめなければならない。

ヴィオラ・クライン『女性――イデオロギーの歴史』(一九四六年)、シモーヌ・ドゥ・ボーボワール『第二の性』(一九四九年)は、戦後のこのような思潮の産物である。両者に共通する特色は、女性の依存しやすい性格はつくりだされたものだという主張にもとづいて、女性の自己改革の糸口をさぐろうとするところにある。ナチスにおわれてイギリスに亡命したクラインは、知識社会学の方法をつかって、十九世紀末以来の代表的思想家の女性観を分析し、そこで女性の性格と規定されているものが、さまざまな社会的要因の産物にすぎないことをあきらかにして、思想家の女性観のゆがみを指摘すると同時に、女性の自己改革＝自我確立の道を、社会的労働への参加にみいだそうとする。女性の労働への参加、それを通しての意識変革という問題、そしてそれをさまたげている家事労働の問題は、『イギリス既婚女性労働者』(一九六五年)、家事と職業をあつかった『女性のふたつの役割』(ミュルダールとの共著、一九六八年)で追求される。

「人は女性にうまれるのではない。女性になるのだ」という『第二の性』の有名な言葉がしめしているように、ボーボワールも、女性をつくられた性、つまり、「主体」である男性の附属物としてつくられた「他者」なのだと考える。かの女は、女性が他者的存在になった原因を、女性の身体的構造にもとめる生物学的見解、身体的構造がその心理に反映するとみる精神分析学の主張、女性の生産手段の所有からの排除にもとめる史的唯物論の主張を、それぞれ批判する。フロイトにたいしては、かれが男性の立場からのみ女性の心理を分析していると非難し、史的唯物論については、私有財産制の成立と女性抑圧の無媒介的結合、こうした論理的欠陥からうまれるソヴェト社会主義の性差別を指摘する。とはいえ、かの女はそれらの理論をまったく否定しているのではない。反対にそれらを評価し、また分析の道具として利用しながら、意識の役割を強調し、実存主義の立場から、女性の主体性の確立、自由な女性の確立を説く。

＊「一ぱいの水理論」だけで理解されがちであったコロンタイの思想は、最近、西ヨーロッパで再評価されはじめた。

現代の女性解放思想

女性解放の要求は、戦後の解放の雰囲気のなかで高揚し、国際政治における冷戦、平和共存の時代には、やや沈滞したが、六〇年代後半にふたたびたかまってきた。いわゆるウーマン・リブの運動がそれである。この時期に、アメリカではじまった運動が、西ヨーロッパから世界各地に急速に波及した原因としては、戦前、戦後の危機の時代に社会にひきだされた女性が、一応の安定期にはいってから家庭に復帰させられ、ふたたび男性支配の家族制度のなかにとじこめられたこと、しかし、寿命の延長、育児期間の短縮などにより女性のライフ・サイクルに変化が生じ、女性はこれまで以上に家庭生活に満足できなくなったこと、教育の普及により高等教育をうける女性が急激にふえたにもかかわらず、かの女たちは男性と同等には社会にうけいれられないで、失業または半失業状態におかれたこと、女性たちのこうした不満が、体制に不満をもつ黒人、学生の運動に触発されたこと、などがあげられている。そして、運動のきっかけをつくったのが、ベティ・フリーダン『女性らしさの神話』（一九六三年）であることは、よくしられている。

女性を、育児や家事や夫への奉仕にしばりつけることが、女性の精神にとっていかに有害な結果をもたらすかというかの女のうったえが、異常な反響をよんだことは、現代における女性の不満の、広さと深さを説明するであろう。しかし、同じような不満は、歴史のなかでくりかえしあらわれてきたのであって、そうした不満を背景に博愛主義運動がうまれ、フロイトの精神分析学が形成され、エリスやストープスによる性の解放が主張されたことをみれば、女性問題の基本的課題は、時代がかわってもおおきな変化はなく、現代にまでひきつがれてきたといえよう。では、現代の女性解放思想は、この歴史的課題にどう答えようというのだろうか。最後に、最近の運動や著作のなかに、現代の動向をながめてみたいと思う。

女性解放のあたらしい波は、避妊と妊娠中絶の合法化、無料化を強く主張する。生活資料の生産と生命の生産との分離・対立が、性支配の出発点であったことを考えれば、このような主張は、女性問題の核心にふれるものである。

はじめにのべたように、生活資料の生産と生命の生産とは、相互依存関係にあるはずなのに、生活資料の生産が生命の生産より優位におかれ、それが社会のすべての価値の基準となり、男性が女性を支配するようになったのは、生活資料より人口が相対的に上まわるような状態がつくりだされたからであった。そこで、ふたつの生産の関係をかえて、出産が労働と並ぶ意義をもつものであり、性支配が不合理なものであることを立証するには、出産を自然のままに放置するのではなく、人為的に制禦してその稀少価値を高め、制禦する権利を女性がにぎることであろう。

遠い過去から、女性の生活は、妊娠や出産に支配されてきたけれども、最近における医学や薬学の発達により、ようやく女性は、自分の意志で出産の時期や子供の数を決定する条件を手にいれたのである。避妊技術の発達は、女性が社会的労働に参加する時間と機会とをふやし、宿命的に結びついていた性行為と生殖とを分離して、女性に性的欲望を追求する可能性をあたえた。それだけでなく、生命の生産が女性の意志で決定されるとなれば、労働力の供給を女性が左右しうることになり、社会の息の根をとめる力を女性が手中におさめることになるであろう。

シュラミス・ファイアストーン『性の弁証法』(一九七〇年)は、性や出産の人為的制禦に着目した著作である。マルクス主義の弁証法の論理をつかって男女の対立を説明しようというかの女は、性的抑圧の原因を、生産手段の所有にではなく、生物学的差異にもとめ、女性を解放するには、自然のあたえた性の矛盾を、文明＝科学によってとりのぞくことだという。かの女の弁証法にたいしては批判がだされているし、また文明の高度に発達したサイバネティックスの社会では、男性が額に汗して働くことも、女性が苦しんで子供を生むこともなくなるというかの女の予想が、どこまで現実のものとなるかは疑問である。しかし、この作品が、一方で性差別の原因を性的差異にもとめて、マルクス主義の経済的決定論を批判し、他方で性差別と性的差異との結合を人為的にたちきり、フロイト理論を否定しようとするものであることは、注目すべきである。

ところで、産児制限の科学や技術がすすんだからといって、ただちに女性が生命の生産の決定権をにぎるわけではない。避妊や妊娠中絶にたいしては、宗教的、法律的、経済的拘束が課せられているのである。それは、労働力を確保することが、支配階級にとってきわめて重要な問題であり、とくに、安価な労働力を確保するには、妊娠や出産を私事としてその負担を女性におわせながら、それを完全に私的な問題にしてしまわずに規制をすることが必要だからである。したがって、避妊と妊娠中絶の合法化、無料化という現代の婦人運動の要求は、私事とされ女性におわされている「性」の負担を、公的なものとして社会に肩がわりさせる一方、出産の権利を支配階級の手から女性の手にうばいかえすことであり、この意味では、「性」にたいする階級支配への挑戦といえるだろう。

しかし、この要求が実現したとしても、女性は出産の権利を手にいれたことにはならない。「人口を増加させるには、女性を結婚においやる状態をつくりだすことだ」といわれてきたように、経済的自立の道がせまく、結婚が唯一の逃げ場であり、子供を生み育てることが唯一の生きがいであり、老後の生活保障でもある社会では、女性が自由意志にもとづいて出産を決定するのではないからである。主観的には自由意志によって結婚し、出産をしているのだと思っていても、ほかの可能性が閉ざされているばあい、その選択は自由ではない。ここにおいて、女性が出産の権利をにぎるということは、単に性の問題にとどまらないで、労働による自立の問題、さらには体制変革の問題と密接に結びつくことになる。つまり、労働にささえられなければ、性の解放はありえないといえる。

現代の女性解放は、同一労働同一賃金、就職の機会均等をかかげて、労働における男女の不平等の除去を要求する。就職、賃金、昇進、定年、いずれも女性にとって不利な現状をみれば、このような要求をしてしすぎることはない。けれども、社会的労働に参加する女性が男性より不利な状態におかれるおおきな原因は、出産、育児、教育、家事といった負担が、女性に余分に課せられていることである。家庭での仕事が余分な負担となって、女性は男性と同等の仕事ができないのだし、職場で男性なみの仕事をしようとすれば、量的には男性より過重な労働をおわなければならない。社会的労働と家事との矛盾をあつかっている著作としては、ハンナ・ギャブロン『妻は囚われているか』(一九六六年)、それにまえにあげたクラインの著作がある。女性を労働主体として確立するには、母性やそれに附随する障害があり、また性、母性を機軸に解放するには、労働による裏付けがなければならないことになる。女性問題は、労働と性とをきりはなして考えることはできないのである。

女性解放におけるこのような労働と性の矛盾の問題にたいして、ひとつの解決をあたえているのが、スカンディナヴィア諸国の研究者の討論を収録した、ダールストレム編『男性と女性の変化する役割』(一九六二年)である。一方に家庭に拘束され、労働によって自立できない女性が存在するということは、対極には、労働におわれ、家庭生活を十分享受できない男性が存在するわけで、女性を解放することは男性をも解放することであり、またそうでなければならない。この本では、国家の政策を通して、従来の性的分業を修正し、男性には家庭生活をいとなむよりおおくの時間をあたえ、女性には社会的労働に従事するよりおおくの機会をあたえることを提案する。スウェーデンの首相は、「女性は男性とちがった役割をもつべきだという政治家がいるなら、かれは石器時代の遺物とみなされるにちがいない」という。ケイをうみだした国では、女性解放を国政レベルで検討する条件が存在するのである。性的分業の変化によって男女双方の人間性を回復するという主張は、マルクス主義の「疎外」、フロイト主義の「抑圧」にたいするひとつの回答であるといえよう。

性的分業を変化させることは、これまでの家族制度の変革である。しかしそうだとしても、既存の家族制度が長い歴史をもつ性的抑圧機構であることを考えれば、それの内部の変革ではなく、さらに徹底した批判がだされるのは当然である。ケイト・ミレット『性の政治学』(一九七〇年)は、一八三〇年代以降の政治、思想、文学の分析のなかから、男性の女性にたいする支配は家父長的家族制度を通しておこなわれ、そしてそれは、国家権力による支配と同じ「政治」なのだと主張する。すでにのべたように、十九世紀には、家族制度批判から、それにとってかわる共同組織がフーリエやトムスンによって提案された。現代の女性解放運動では、コミューンとかコレクティヴとかよばれる生活共同体が、実際にこころみられている。私生活が現実にどこまで集団化できるかは問題であるとしても、労働と性との矛盾を解消するには、家族が唯一の生産や消費の単位であり、唯一の出産や育児の場であるという状態がとりのぞかれる必要があるだろう。家族の機能が社会にうつされるという傾向は、たとえばこれまで女性のおおきな負担になってきた保育が、家庭からはなれつつある現状をみれば、決して非現実的な問題ではない。細分化された家族のなかで、女性の天職とされてきた家事労働を社会化するということは、男女の性的分業の変化とならんで女性解放にとって不可欠な条件なのである。

しかし、家庭内での性的分業の変化による解放であろうと、家族制度を生活共同体におきかえる解放であろうと、それを実現するには、おおきな障害、すなわち男性の支配意識と女性の依存意識がよこたわっている。支配意識は保護意識と、依存意識は奉仕意識と結びついており、それらはしばしば愛情によっておおわれているけれども、こうした意識が、従来の家族制度をたえず再生産し、家族制度を変革しようというこころみを挫折させてしまう。これは、クラインやボーボワールの問題であった。イーヴァ・フィグズ『家父長的態度』(一九七〇年)では、家族制度をささえてきた男性の家父長的意識と女性の服従意識とを、ヨーロッパの思想史のなかであとづけようとしている。

女性解放は、日常生活のすみずみまで支配している差別意識の変革なしには、実現しない。そこで、差別意識のひとつひとつをとりあげて、それを克服することが、現代の運動の特質となっている。また、成人の意識改革だけでなく、次代をになう子供の意識形成が注目され、権威主義的男性、依存しやすい女性をつくらないような、保育、教育方法が研究されている。さらにまた、ジャーメイン・グリア『去勢された女性』(一九七〇年)では、女性がつくられた性だというのは、意識や性格だけの問題ではなく、肉体構造のすべてにかかわっているのだという主張のもとに、性差別をとりのぞくには、弱い性すなわち去勢されてしまった女性から、去勢されない女性への変革闘争が必要だと説いている。こうなると、現代の女性解放は、人間の全面変革を要求する運動だとみることができよう。

こうした家族制度変革、意識変革、人間の全面変革が、体制変革と無関係におこなわれることはありえない。出産の権利を女性がにぎるということでも、まえにのべたことから理解されるように、階級社会では実現しない。現代の運動が、性支配の現象面に目をうばわれて体制内闘争におちいりがちなのを批判して、シーラ・ローボサムは、『女性、抵抗および革命』(一九七二年)で、性支配と階級支配の結びつきを強調し、中国、キューバ、ベトナムなど、第二次世界大戦後の革命運動の経験を分析し、社会主義への展望のなかで女性解放をさぐろうとしている。また、ジュリエット・ミッチェル『女性の地位』(一九七一年)では、女性解放をおしすめるにあたって、体制変革における労働者の階級意識に対応するような、女性意識の確立が主張されていることを指摘しておきたい。かの女は、女性解放には体制変革が不可欠だということをみとめたうえで、女性は男性と同じ意味での労働者の階級意識をもつことができないという。労働者階級の女性は、現状では、労働を通して経済的自立をかちとることができないし、人生のもっとも活動的な時期に労働をはなれ、育児や家事に専念しなければならないからである。むしろ、女性共通の問題をふまえた意識の形成が必要なのであって、このような女性意識に目ざめた女性を、かの女は女性解放運動の推進力と考える。

現代の女性解放思想の特色は、対象とする問題が多様だということである。過去の女性解放は、参政権とか高等教育とか売春禁止とか、焦点がしぼられていたが、現代では、女性のあらゆる面が、女性のおかれたあらゆる状況がとりあげられる。生物学的存在としての女性、心理学的存在としての女性、家族制度、労働問題、人口問題における女性が、女性解放の研究対象となっている。女性問題のこのような多面的な追求のなかから、性や母性に関する権利の確立、労働権の確立、家族制度の変革、差別意識の変革、体制の変革が提起され、運動に移されようとしている。女性解放の道の探究は、ようやくはじまったばかりであり、わたくしたちはまだ「従属の歴史」のなかにいる。この「歴史」に終止符をうつ唯一の方法は、わたくしたちひとりひとりが、探究に主体的に参加することではないだろうか。

あとがき

このようにかぎられた紙数のなかで、ルネサンスから現代までの女性解放思想の歴史をあとづけるのは、無謀なこころみであるにちがいない。なぜなら、西ヨーロッパの女性解放思想史については、個別研究さえ数がすくないからである。これを書きながらわたくしが痛感したことは、男性の思想史研究が、おおくの領域で、ゆたかな研究成果のうえにつみかさねられるのにくらべて、女性の思想史には、先人の足跡がほとんどみあたらない部分がいたるところにあるということであった。個別研究さえまずしいのだから、それの通史にいたっては、さらにまずしいことは想像されるだろうし、それを新書にまとめるのが無謀だということも、容易に理解されるであろう。男性と女性の地位の差は、研究の領域でもはっきりとうつしだされているのである。

わたくしが無謀をあえておかしたのは、ほかならぬ、この分野での研究がまずしいからである。さまざまな個別研究の成果のうえに通史は書かれるべきものであるとしても、歴史的な見通しをもたなければ、ひとりの思想家、ある時代の思想を分析することができないのも事実である。この本のねらいは、女性解放思想のながれをえがきながら、そのなかにそれぞれの思想家を位置づけ、あらたな研究の手がかりにしようというところにある。したがって、わたくしは、これを、完成したものというよりはひとつの試論として提出するのであって、これにたいする率直な意見や批判がよせられることを希望するし、また、ここにかかれた何かがきっかけとなって、女性解放思想史の研究がすこしでもおしすすめられることがあれば、わたくしの目的は達成されたと考えている。

この本を読んでいただければおわかりのように、わたくしは、女性問題を、労働と性の矛盾の問題、そしてその矛盾を固定し制度化した家族制度と、それにささえられた階級社会の問題としてとらえた。女性問題をこうした角度からとらえた理由のひとつは、戦後の女性解放の成果と反省のうえにたって、あたらしい女性解放の出発点を発見したいと考えたからである。

戦後、いわゆる民主化政策の一環としておしすすめられた女性解放は、婦人参政権の実現、高等教育への門戸開放、古い「家族制度」の廃止などを通して、女性の地位をたかめた。それにもかかわらず、現在の女性の生活は基本的にはあの頃と大差なく、女性は家庭に拘束され、職業による自立の道は狭く苦しい。女性解放が不完全なものに終わった原因は、日本民主主義の弱さにあるのはいうまでもない。しかし、そうだとしても、その民主主義自体に、実は女性への抑圧がかくされていたのである。戦後、日本にうえつけられようとした民主主義、論壇で有力であった民主主義論は、労働のみを機軸とする市民社会ないし社会主義論であり、労働と性のふたつの機軸をもつ女性問題を無視してしまった。そればかりか、実際には男女の性的分業にささえられ、育児や家事を女性の無償奉仕にする核家族を、古い「家族制度」にかわる「民主的」家族として提示したのである。この本でルソー批判にかなりの紙数をさいたのは、このような民主主義の克服を念頭においているからである。

日本で婦人参政権が成立してから、すでに四半世紀以上を経過した。しかし、わたくしたちをとりまいている状況は、けっしてあかるいものではない。さまざまな女性論が語られ論じられるなかから、性差別をとりのぞくために女性の力がおおきく結集されるのをねがうのは、わたくしだけであろうか。

この本は、数点の研究論文をもとにして書いたものだが、本の性格からみて、こまかい注をつけて典拠をしめすというやり方をさけた。けれども、典拠をしめして論証するのが研究者の義務である以上、近い将来、その義務を果したいと思っている。

本書を出版するにあたっては、岩波書店の田畑佐和子、浅井和弘両氏にお世話になった。ここにお礼を申しあげたい。

一九七三年夏

水田珠枝

参考文献案内

女性解放思想史を学びたいという人のために、参考文献をあげてみた。あとがきでも書いたように、この分野の研究はたちおくれており、できるだけ入手しやすい日本語の文献をとりあげようとしたが、外国語の文献や入手しにくい文献もいれなければならなかった。（古い文献でも、最近復刻版がだされているものがある。）日本での研究状況を直視して、原典にとりくもうというファイトに期待したい。

一　女性解放思想の古典

ウルストンクラーフト『女性の権利の擁護』（未来社、一九八〇年）
Thompson, William, *Appeal of one half of the human race, women, against the pretensions of the other half, men*, 1825.
ミル『女性の解放』（岩波文庫）
ベーベル『婦人論』（岩波文庫、国民文庫）
エンゲルス『家族、私有財産、国家の起源』（岩波文庫、国民文庫）
ケイ『恋愛と結婚』（新評論、一九九七年）
ボーボワール『第二の性』（新潮社、一九九七年）

二　ルネサンスからフランス革命まで

Maulde, R. de, *The women of the Renaissance: a study of feminism*, tr. by George Herbert Ely, 1900.

Biéler, André, *L'homme et la femme dans la morale calviniste*, 1963.

フェヌロン『女子教育論』(明治図書、一九六〇年)

ルソー『エミール』(岩波文庫、『ルソー全集』白水社、第六巻、一九七九年、第七巻、一九八二年)

ルソー『新エロイーズ』(岩波文庫、『ルソー全集』白水社、第九巻、一九七九年、第一〇巻、一九八一年)

ミシュレ『革命の女たち』(河出書房、一九五五年)

セレブリャコワ『フランス革命期の女たち』(岩波新書)

Dessens, A., *Le féminisme pendant la Révolution*, 1905.

Stephens, Winifred, *Women of the French Revolution*, 1922.

小林巧『はたらく女性のあゆみ』(白桃書房、一九五七年)

Pinchbeck, Ivy, Women workers and the Industrial Revolution, 1930.

バーク『崇高と美の起源』(理想社、みすず書房、ともに一九七三年)

Wardle, Ralph, *Mary Wollstonecraft: a critical biography*, 1951.

ゴドウィン『メアリ・ウルストンクラーフトの思い出』(未来社、一九七〇年)

Godwin, William, *Enquiry concerning political justice and its influence on morals and happiness*, 1793.

三　十九世紀、二十世紀

O'Malley, I.B., *Women in subjection: a study of the lives of Englishwomen before 1832*, 1933.
Neff, W.F., *Victorian working women, 1832–1850*, 1929.
Thibert, Marguerite, *Le féminisme dans le socialisme français de 1830–1850*, 1926.
Sullerot, Évelyne, *Histoire de la presse féminine en France des origines à 1848*, 1966.
Pankhurst, Richard K., *William Thompson (1775–1833)*, 1954.
Pankhurst, Richard K., *The Saint-Simonians, Mill and Carlyle*, n. d.
Strachey, Rachel C., *The Cause, a short history of the women's movement in Great Britain*, 1928.
Fulford, Roger, *Votes for women*, 1957.
フロイト「女性的ということ」(『フロイト著作集』人文書院、第一巻、一九六八年)
Ellis, Havelock, *Studies in the psychology of sex*, 1898–1928.
ストープス『結婚愛』(理論社、一九五三年)
Briant, Keith, *Marie Stopes: a biography*, 1962.
Sanger, Margaret, *An autobiography*, 1938.

四　現代

クライン『女とは何か——イデオロギーの歴史』(新泉社、一九八二年)
Klein, Viola, *Britain's married women workers*, 1965.
ミュルダール、クライン『女性の二つの役割——家庭と職業』(ミネルヴァ書房、一九八五年)

フリーダン『新しい女性の創造』(大和書房、一九八六年)
ギャブロン『妻は囚われているか——家庭に縛られている妻たちの矛盾』(岩波新書、一九七〇年)
Dahlström, Edmund, ed., *The changing roles of men and women*, 1967.
ミレット『性の政治学』(自由国民社、一九七三年)
Figes, Eva, *Patriarchal attitudes: women in society*, 1970.
ファイアストーン『性の弁証法——女性解放革命の場合』(評論社、一九七二年)
ミッチェル『女性論——性と社会主義』(合同出版、一九七三年)
グリア『去勢された女』(ダイヤモンド社、一九七六年)
Rowbotham, Sheila, *Women, resistance & revolution: a history of women and revolution in the modern world*, 1972.

水田珠枝

1929年 東京に生まれる
1957年 名古屋大学大学院法学研究科政治学科修士課程修了
専攻ー政治思想史，フェミニズム史
現在ー名古屋経済大学名誉教授
東海ジェンダー研究所顧問
著書ー『女性解放思想史』(筑摩書房)
『ミル「女性の解放」を読む』(岩波書店)

女性解放思想の歩み　　岩波新書(青版) 871

1973年9月20日　第1刷発行
2023年2月21日　第20刷発行

著　者　水田珠枝《みずたたまえ》

発行者　坂本政謙

発行所　株式会社 岩波書店
〒101-8002 東京都千代田区一ツ橋 2-5-5
案内 03-5210-4000　営業部 03-5210-4111
https://www.iwanami.co.jp/

新書編集部 03-5210-4054
https://www.iwanami.co.jp/sin/

印刷製本・法令印刷　カバー・半七印刷

© Tamae Mizuta 1973
ISBN 4-00-411090-4　　Printed in Japan

岩波新書新赤版一〇〇〇点に際して

ひとつの時代が終わったと言われて久しい。だが、その先にいかなる時代を展望するのか、私たちはその輪郭すら描きえていない。二〇世紀から持ち越した課題の多くは、未だ解決の緒を見つけることのできないままであり、二一世紀が新たに招きよせた問題も少なくない。グローバル資本主義の浸透、憎悪の連鎖、暴力の応酬――世界は混沌として深い不安の只中にある。

現代社会においては変化が常態となり、速さと新しさに絶対的な価値が与えられた。消費社会の深化と情報技術の革命は、種々の境界を無くし、人々の生活やコミュニケーションの様式を根底から変容させてきた。ライフスタイルは多様化し、一面では個人の生き方をそれぞれが選びとる時代が始まっている。同時に、新たな格差が生まれ、様々な次元での亀裂や分断が深まっている。社会や歴史に対する意識が揺らぎ、普遍的な理念に対する根本的な懐疑や、現実を変えることへの無力感がひそかに根を張りつつある。そして生きることに誰もが困難を覚える時代が到来している。

しかし、日常生活のそれぞれの場で、自由と民主主義を獲得し実践することを通じて、私たち自身がそうした閉塞を乗り超え、希望の時代の幕開けを告げてゆくことは不可能ではあるまい。そのために、いま求められていること――それは、個と個の間で開かれた対話を積み重ねながら、人間らしく生きることの条件について一人ひとりが粘り強く思考することではないか。その営みの糧となるものが、教養に外ならないと私たちは考える。歴史とは何か、よく生きるとはいかなることか、世界そして人間はどこへ向かうべきなのか――こうした根源的な問いとの格闘が、文化と知の厚みを作り出し、個人と社会を支える基盤としての教養となった。まさにそのような教養への道案内こそ、岩波新書が創刊以来、追求してきたことである。

岩波新書は、日中戦争下の一九三八年一一月に赤版として創刊された。創刊の辞は、道義の精神に則らない日本の行動を憂慮し、批判的精神と良心的行動の欠如を戒めつつ、現代人の現代的教養を刊行の目的とする、と謳っている。以後、青版、黄版、新赤版と装いを改めながら、合計二五〇〇点余りを世に問うてきた。そして、いままた新赤版が一〇〇〇点を迎えたのを機に、人間の理性と良心への信頼を再確認し、それに裏打ちされた文化を培っていく決意を込めて、新しい装丁のもとに再出発したいと思う。一冊一冊から吹き出す新風が一人でも多くの読者の許に届くこと、そして希望ある時代への想像力を豊かにかき立てることを切に願う。

（二〇〇六年四月）

岩波新書より

法律

少年法入門　廣瀬健二
倒産法入門　伊藤眞
国際人権入門　申惠丰
AIの時代と法　小塚荘一郎
労働法入門〔新版〕　水町勇一郎
アメリカ人のみた日本の死刑　デイビッド・T・ジョンソン　笹倉香奈訳
虚偽自白を読み解く　浜田寿美男
親権と子ども　榊原富士子　池田清貴
裁判の非情と人情　原田國男
独占禁止法〔新版〕　村上政博
密着 最高裁のしごと　川名壮志
「法の支配」とは何か　行政法入門　大浜啓吉
会社法入門〔新版〕　神田秀樹
憲法への招待〔新版〕　渋谷秀樹
比較のなかの改憲論　辻村みよ子
大災害と法　津久井進

変革期の地方自治法　兼子仁
原発訴訟　海渡雄一
民法改正を考える◆　大村敦志
労働法入門◆　水町勇一郎
人が人を裁くということ　小坂井敏晶
知的財産法入門　小泉直樹
消費者の権利〔新版〕　正田彬
司法官僚　裁判所の権力者たち　新藤宗幸
名誉毀損　山田隆司
刑法入門　山口厚
家族と法　二宮周平
会社法入門◆　神田秀樹
憲法とは何か　長谷部恭男
良心の自由と子どもたち　西原博史
著作権の考え方　岡本薫
法とは何か〔新版〕　渡辺洋三
日本の憲法〔第三版〕　長谷川正安
憲法と天皇制　横田耕一
自由と国家　樋口陽一

憲法第九条　小林直樹
日本人の法意識　川島武宜
憲法講話◆　宮沢俊義

社会

ジョブ型雇用社会とは何か　濱口桂一郎
法医学者の使命　「人の死を生かす」ために　吉田謙一
異文化コミュニケーション学　鳥飼玖美子
モダン語の世界へ　山室信一
時代を撃つ ノンフィクション100　佐高信
労働組合とは何か　木下武男
プライバシーという権利　宮下紘
地域衰退　宮﨑雅人
江戸問答　田中優子・松岡正剛
広島平和記念資料館は問いかける　志賀賢治
コロナ後の世界を生きる　村上陽一郎編
リスクの正体　神里達博
紫外線の社会史　金凡性
「勤労青年」の教養文化史　福間良明
5G　次世代移動通信規格の可能性　森川博之
客室乗務員の誕生　山口誠
「孤独な育児」のない社会へ　榊原智子
放送の自由　川端和治
社会保障再考　〈地域〉で支える　菊池馨実
生きのびるマンション　山岡淳一郎
虐待死　なぜ起きるのか、どう防ぐか　川崎二三彦
平成時代　吉見俊哉
バブル経済事件の深層　奥山俊宏・村山治
日本をどのような国にするか　丹羽宇一郎
なぜ働き続けられない？　社会と自分の力学　鹿嶋敬
物流危機は終わらない　首藤若菜
認知症フレンドリー社会　徳田雄人
アナキズム　一丸となってバラバラに生きろ　栗原康
まちづくり都市 金沢　山出保
総介護社会　小竹雅子
賢い患者　山口育子
住まいで「老活」　安楽玲子
現代社会はどこに向かうか　見田宗介
EVと自動運転　クルマをどう変えるか　鶴原吉郎
ルポ 保育格差　小林美希
棋士とAI　王銘琬
科学者と軍事研究　池内了
原子力規制委員会　新藤宗幸
東電原発裁判　添田孝史
日本問答　田中優子・松岡正剛
日本の無戸籍者　井戸まさえ
〈ひとり死〉時代のお葬式とお墓　小谷みどり
町を住みこなす　大月敏雄
歩く、見る、聞く 人びとの自然再生　宮内泰介
対話する社会へ　暉峻淑子
悩みいろいろ　金子勝
魚と日本人　食と職の経済学　濱田武士
ルポ 貧困女子　飯島裕子

岩波新書より

鳥獣害 動物たちと、どう向きあうか	祖田 修
科学者と戦争	池内 了
新しい幸福論	橘木俊詔
ブラックバイト 学生が危ない	今野晴貴
原発プロパガンダ	本間 龍
ルポ 母子避難	吉田千亜
日本にとって沖縄とは何か	新崎盛暉
日本病 長期衰退のダイナミクス	金子 勝 児玉龍彦
雇用身分社会	森岡孝二
生命保険とのつき合い方	出口治明
ルポ にっぽんのごみ	杉本裕明
鈴木さんにも分かるネットの未来	川上量生
地域に希望あり	大江正章
世論調査とは何だろうか	岩本 裕
フォト・ストーリー 沖縄の70年	石川文洋
ルポ 保育崩壊	小林美希
多数決を疑う 社会的選択理論とは何か	坂井豊貴
アホウドリを追った日本人	平岡昭利
朝鮮と日本に生きる	金 時鐘
被災弱者	岡田広行
農山村は消滅しない	小田切徳美
復興〈災害〉	塩崎賢明
「働くこと」を問い直す	山崎 憲
原発と大津波 警告を葬った人々	添田孝史
縮小都市の挑戦	矢作 弘
福島原発事故 被災者支援政策の欺瞞	日野行介
日本の年金	駒村康平
食と農でつなぐ 福島から	塩谷弘康 岩崎由美子
過労自殺〔第二版〕	川人 博
金沢を歩く	山出 保
ドキュメント 豪雨災害	稲泉 連
ひとり親家庭	赤石千衣子
女のからだ フェミニズム以後	荻野美穂
〈老いがい〉の時代	天野正子
子どもの貧困 II	阿部 彩
性と法律	角田由紀子
ヘイト・スピーチとは何か	師岡康子
生活保護から考える◆	稲葉 剛
かつお節と日本人	宮内泰介 藤林 泰
家事労働ハラスメント	竹信三恵子
福島原発事故 県民健康管理調査の闇	日野行介
電気料金はなぜ上がるのか	朝日新聞経済部
おとなが育つ条件	柏木惠子
在日外国人〔第三版〕	田中 宏
まち再生の術語集	延藤安弘
震災日録 記憶を記録する	森まゆみ
原発をつくらせない人びと	山秋 真
社会人の生き方	暉峻淑子
構造災 科学技術社会に潜む危機	松本三和夫
家族という意志	芹沢俊介
ルポ 良心と義務	田中伸尚
飯舘村は負けない	千葉悦子 松野光伸
夢よりも深い覚醒へ	大澤真幸

(2021.10)　◆は品切，電子書籍版あり．(D2)

岩波新書より

3・11 複合被災◆ 外岡秀俊
子どもの声を社会へ 桜井智恵子
就職とは何か 森岡孝二
日本のデザイン 原研哉
ポジティヴ・アクション 辻村みよ子
脱原子力社会へ 長谷川公一
希望は絶望のど真ん中に むのたけじ
福島 原発と人びと 広河隆一
アスベスト 広がる被害 大島秀利
原発を終わらせる 石橋克彦編
日本の食糧が危ない 中村靖彦
勲章 知られざる素顔 栗原俊雄
希望のつくり方 玄田有史
生き方の不平等◆ 白波瀬佐和子
同性愛と異性愛 風間孝 河口和也
贅沢の条件 山田登世子
新しい労働社会 濱口桂一郎
世代間連帯 上野千鶴子 辻元清美
道路をどうするか 五十嵐敬喜 小川明雄

子どもの貧困 阿部彩
子どもへの性的虐待 森田ゆり
戦争絶滅へ、人間復活へ むのたけじ 黒岩比佐子 聞き手
テレワーク 「未来型労働」の現実 佐藤彰男
反貧困 湯浅誠
不可能性の時代 大澤真幸
地域の力 大江正章
少子社会日本 山田昌弘
親米と反米 吉見俊哉
「悩み」の正体 香山リカ
変えてゆく勇気◆ 上川あや
戦争で死ぬ、ということ 島本慈子
ルポ 改憲潮流 斎藤貴男
社会学入門 見田宗介
冠婚葬祭のひみつ 斎藤美奈子
少年事件に取り組む 藤原正範
悪役レスラーは笑う◆ 森達也
いまどきの「常識」 香山リカ
働きすぎの時代◆ 森岡孝二

桜が創った「日本」 佐藤俊樹
生きる意味 上田紀行
ルポ 戦争協力拒否 吉田敏浩
社会起業家◆ 斎藤槙
ウォーター・ビジネス 中村靖彦
逆システム学◆ 金子勝 児玉龍彦
男女共同参画の時代 鹿嶋敬
当事者主権 中西正司 上野千鶴子
豊かさの条件 暉峻淑子
クジラと日本人 大隅清治
人生案内 落合恵子
若者の法則 香山リカ
自白の心理学 浜田寿美男
原発事故はなぜくりかえすのか 高木仁三郎
日本の近代化遺産 伊東孝
証言 水俣病 栗原彬編
日の丸・君が代の戦後史◆ 田中伸尚
コンクリートが危ない 小林一輔

(2021.10) ◆は品切，電子書籍版あり． (D3)

岩波新書より

- 東京国税局査察部　立石勝規
- バリアフリーをつくる　光野有次
- ドキュメント 屠場　鎌田慧
- 能力主義と企業社会　熊沢誠
- 現代社会の理論　見田宗介
- 原発事故を問う　七沢潔
- 災害救援　野田正彰
- スパイの世界　中薗英助
- 都市開発を考える　大野輝之　レイコ・ハベ・エバンス
- ディズニーランドという聖地　能登路雅子
- 原発はなぜ危険か　田中三彦
- 豊かさとは何か　暉峻淑子
- 農の情景　杉浦明平
- 異邦人は君ヶ代丸に乗って　金賛汀
- 読書と社会科学　内田義彦
- 科学文明に未来はあるか　野坂昭如編著
- 文化人類学への招待◆　山口昌男
- ビルマ敗戦行記　荒木進
- プルトニウムの恐怖　高木仁三郎

- 日本の私鉄　和久田康雄
- 社会科学における人間　大塚久雄
- 沖縄ノート　大江健三郎
- 音から隔てられて　入谷仙介　林瓢介 編
- 民話　関敬吾
- 唯物史観と現代〔第二版〕　梅本克己
- 民話を生む人々　山代巴
- 死の灰と闘う科学者　三宅泰雄
- 米軍と農民　阿波根昌鴻
- 沖縄からの報告　瀬長亀次郎
- 結婚退職後の私たち　塩沢美代子
- 暗い谷間の労働運動　大河内一男
- ユダヤ人　J-P・サルトル　安堂信也 訳
- 社会認識の歩み　内田義彦
- 社会科学の方法　大塚久雄
- 自動車の社会的費用◆　宇沢弘文
- 上海　殿木圭一
- 現代支那論　尾崎秀実

(2021.10)　◆は品切，電子書籍版あり．(D4)

環境・地球

グリーン・ニューディール　明日香壽川
水の未来　沖　大幹
異常気象と地球温暖化　鬼頭昭雄
エネルギーを選びなおす　小澤祥司
欧州のエネルギーシフト　脇阪紀行
グリーン経済最前線　井田徹治／末吉竹二郎
低炭素社会のデザイン　西岡秀三
環境アセスメントとは何か　原科幸彦
生物多様性とは何か　井田徹治
キリマンジャロの雪が消えていく　石　弘之
イワシと気候変動　川崎　健
森林と人間　石城謙吉
世界森林報告　山田　勇
地球の水が危ない　高橋　裕
地球環境報告 II　石　弘之
地球温暖化を防ぐ　佐和隆光
地球環境問題とは何か　米本昌平
地球環境報告　石　弘之
ゴリラとピグミーの森　伊谷純一郎
国土の変貌と水害　高橋　裕
水俣病　原田正純

情報・メディア

実践　自分で調べる技術　宮内泰介
生きるための図書館　竹内さとる
流言のメディア史　佐藤卓己
メディア不信　何が問われているのか　林　香里
グローバル・ジャーナリズム　澤　康臣
キャスターという仕事　国谷裕子
読んじゃいなよ！　高橋源一郎編
読書と日本人　津野海太郎
スポーツアナウンサー　実況の真髄　山本　浩
戦争と検閲　石川達三を読み直す　河原理子
ＮＨＫ〔新版〕　松田　浩
震災と情報　徳田雄洋
メディアと日本人　橋元良明
デジタル社会はなぜ生きにくいか　徳田雄洋
ジャーナリズムの可能性　原　寿雄
ＩＴリスクの考え方　佐々木良一
ウェブ社会をどう生きるか　西垣　通
報道被害　梓澤和幸
メディア社会　佐藤卓己
現代の戦争報道　門奈直樹
未来をつくる図書館　菅谷明子
新聞は生き残れるか◆中馬清福
インターネット術語集 II　矢野直明
メディア・リテラシー　菅谷明子
職業としての編集者　吉野源三郎
岩波新書解説総目録 1938-2019　岩波新書編集部編

岩波新書より

教育

- 大学は何処へ 未来への設計 吉見俊哉
- 教育は何を評価してきたのか 本田由紀
- 小学校英語のジレンマ 寺沢拓敬
- アクティブ・ラーニングとは何か 渡部 淳
- 保育の自由 近藤幹生
- 異才、発見！ 伊藤史織
- パブリック・スクール 新井潤美
- 新しい学力 齋藤 孝
- 学びとは何か 今井むつみ
- 考え方の教室 齋藤 孝
- 学校の戦後史 木村 元
- 保育とは何か 近藤幹生
- 中学受験 横田増生
- いじめ問題をどう克服するか 尾木直樹
- 教育委員会 新藤宗幸
- 先生！ 池上 彰編
- 教師が育つ条件 今津孝次郎
- 大学とは何か 吉見俊哉
- 赤ちゃんの不思議 開 一夫
- 日本の教育格差 橘木俊詔
- 社会力を育てる 門脇厚司
- 子どもが育つ条件 柏木惠子
- 障害児教育を考える 茂木俊彦
- 誰のための「教育再生」か 藤田英典編
- 教育力 齋藤 孝
- 思春期の危機をどう見るか 尾木直樹
- 幼児期 岡本夏木
- 教科書が危ない 入江曜子
- 「わかる」とは何か 長尾 真
- 学力があぶない 大野 晋 上野健爾
- ワークショップ 中野民夫
- 子どもの危機をどう見るか 尾木直樹
- 子どもの社会力 門脇厚司
- 教育改革 藤田英典
- 子どもとあそび 仙田 満
- 子どもと学校 河合隼雄
- 教育とは何か 大田 堯
- からだ・演劇・教育 竹内敏晴
- 教育入門 堀尾輝久
- 子どもの宇宙 河合隼雄
- 子どもとことば 岡本夏木
- 自由と規律 池田 潔
- 私は二歳 松田道雄
- 私は赤ちゃん 松田道雄
- ある小学校長の回想 金沢嘉市

岩波新書/最新刊から

1952 **ルポ アメリカの核戦力**
—「核なき世界」はなぜ実現しないのか—
渡辺 丘 著
秘密のベールに包まれてきた核戦力の最前線を訪ね、歴代政府高官や軍関係者などへの単独取材を交えて、核の超大国の今を報告。

1953 **現代カタストロフ論**
—経済と生命の周期を解き明かす—
金子 勝・児玉龍彦 著
コロナで見えてきた「周期的なカタストロフ」という問題。経済学と生命科学の両面から現状を解き明かし、具体的な対処法を示す。

1954 **マルクス・アウレリウス**
『自省録』のローマ帝国
南川高志 著
歴史学の観点と手法から、終わらない疫病と戦争という『自省録』の時代背景を明らかにすることで、「哲人皇帝」の実像に迫る。

1955 **さらば、男性政治**
三浦まり 著
男性だけで営まれ、男性だけが迎え入れられ、それを当然だと感じ、たまに女性の参入が認められる——そんな政治を変えるには。

1956 **超デジタル世界**
—DX、メタバースのゆくえ—
西垣 通 著
日本はなぜデジタル後進国となってしまったのか。民主的に集合知をつくっていく理想はどうなったのか？ 技術的・文化的本質を問う。

1957 **政治と宗教**
—統一教会問題と危機に直面する公共空間—
島薗 進 編
元首相銃殺事件が呼び起こした「政治と宗教」の問題をめぐる緊急出版。国際的視野からの比較も含めて、公共空間の危機を捉え直す。

1958 **いちにち、古典**
〈とき〉をめぐる日本文学誌
田中貴子 著
誰にも等しく訪れる一日という時間を、見ぬ世の人々はいかに過ごしていたのだろう。描かれた「とき」を駆けめぐる古典入門。

1959 **医の変革**
春日雅人 編
コロナ禍で医療は課題に直面し、一方AIなどの技術革新は変革をもたらす。日本医学会総会を機に各分野の第一人者が今後を展望。

(2023.2)